RECETAS DE LA TRADICION ESPANOLA
2022

RECETAS DELICIOSAS Y SABROSAS

MARTINA BLANCO

No se permite la reproducción total o parcial de este libro,

ni su incorporación a un sistema informático, ni su transmisión en cualquier forma o por cualquier medio, sea éste electrónico, mecánico, por fotocopia, por grabación u otros métodos,

sin el permiso previo y por escrito del editor. La infracción de los derechos mencionados puede ser constitutiva de delito contra la propiedad intelectual (Art. 270 y siguientes del Código Penal)

TABLA DE CONTENIDO

POTE GALLEGO 27
    INGREDIENTES 27
    ELABORACIÓN 27
    TRUCO 28
LENTEJAS A LA LIONESA 29
    INGREDIENTES 29
    ELABORACIÓN 29
    TRUCO 30
LENTEJAS AL CURRY CON MANZANA 31
    INGREDIENTES 31
    ELABORACIÓN 31
    TRUCO 32
POCHAS A LA NAVARRA 33
    INGREDIENTES 33
    ELABORACIÓN 33
    TRUCO 34
LENTEJAS 35
    INGREDIENTES 35
    ELABORACIÓN 35
    TRUCO 36
MUSAKA DE ALUBIAS CON SETAS 37
    INGREDIENTES 37
    ELABORACIÓN 37
    TRUCO 38

POTAJE DE VIGILIA 39
    INGREDIENTES 39
    ELABORACIÓN 39
    TRUCO 40
POCHAS CON BERBERECHOS 41
    INGREDIENTES 41
    ELABORACIÓN 41
    TRUCO 42
BACALAO AJOARRIERO 44
    INGREDIENTES 44
    ELABORACIÓN 44
    TRUCO 44
BERBERECHOS AL VAPOR DE JEREZ 45
    INGREDIENTES 45
    ELABORACIÓN 45
    TRUCO 45
ALL I PEBRE DE RAPE CON GAMBAS 46
    INGREDIENTES 46
    ELABORACIÓN 47
    TRUCO 47
BESUGO ASADO 48
    INGREDIENTES 48
    ELABORACIÓN 48
    TRUCO 48
ALMEJAS A LA MARINERA 49
    INGREDIENTES 49

ELABORACIÓN 49
TRUCO 50
BACALAO AL PILPIL 51
INGREDIENTES 51
ELABORACIÓN 51
TRUCO 51
BOQUERONES REBOZADOS EN CERVEZA 53
INGREDIENTES 53
ELABORACIÓN 53
TRUCO 53
CHIPIRONES EN SU TINTA 54
INGREDIENTES 54
ELABORACIÓN 54
TRUCO 54
BACALAO CLUB RANERO 56
INGREDIENTES 56
ELABORACIÓN 56
TRUCO 57
LENGUADO A LA NARANJA 58
INGREDIENTES 58
ELABORACIÓN 58
TRUCO 58
MERLUZA A LA RIOJANA 60
INGREDIENTES 60
ELABORACIÓN 60
TRUCO 61

BACALAO CON SALSA DE FRESAS 62
    INGREDIENTES 62
    ELABORACIÓN 62
    TRUCO 62

TRUCHA EN ESCABECHE 63
    INGREDIENTES 63
    ELABORACIÓN 63
    TRUCO 64

BESUGO A LA BILBAÍNA 65
    INGREDIENTES 65
    ELABORACIÓN 65
    TRUCO 65

GAMBAS AL AJILLO 66
    INGREDIENTES 66
    ELABORACIÓN 66
    TRUCO 66

BUÑUELOS DE BACALAO 67
    INGREDIENTES 67
    ELABORACIÓN 67
    TRUCO 67

BACALAO DOURADO 69
    INGREDIENTES 69
    ELABORACIÓN 69
    TRUCO 69

CENTOLLO A LA VASCA 70
    INGREDIENTES 70

- ELABORACIÓN 70
- TRUCO 71

BOQUERONES EN VINAGRE 72
- INGREDIENTES 72
- ELABORACIÓN 72
- TRUCO 72

BRANDADA DE BACALAO 73
- INGREDIENTES 73
- ELABORACIÓN 73
- TRUCO 73

CAZÓN EN ADOBO (BIENMESABE) 74
- INGREDIENTES 74
- ELABORACIÓN 74
- TRUCO 75

ESCABECHE DE CÍTRICOS Y ATÚN 76
- INGREDIENTES 76
- ELABORACIÓN 76
- TRUCO 77

GAMBAS A LA GABARDINA 78
- INGREDIENTES 78
- ELABORACIÓN 78
- TRUCO 78

FLAN DE ATÚN CON ALBAHACA 79
- INGREDIENTES 79
- ELABORACIÓN 79
- TRUCO 79

LENGUADO A LA MENIER 80
    INGREDIENTES 80
    ELABORACIÓN 80
    TRUCO 80
LOMO DE SALMÓN AL CAVA 81
    INGREDIENTES 81
    ELABORACIÓN 81
    TRUCO 81
LUBINA A LA BILBAÍNA CON PIQUILLOS 82
    INGREDIENTES 82
    ELABORACIÓN 82
    TRUCO 82
MEJILLONES EN VINAGRETA 83
    INGREDIENTES 83
    ELABORACIÓN 83
    TRUCO 83
MARMITAKO 84
    INGREDIENTES 84
    ELABORACIÓN 84
    TRUCO 84
LUBINA A LA SAL 86
    INGREDIENTES 86
    ELABORACIÓN 86
    TRUCO 86
MEJILLONES AL VAPOR 87
    INGREDIENTES 87

- ELABORACIÓN 87
- TRUCO 87

MERLUZA A LA GALLEGA 88
- INGREDIENTES 88
- ELABORACIÓN 88
- TRUCO 89

MERLUZA A LA KOSKERA 90
- INGREDIENTES 90
- ELABORACIÓN 90
- TRUCO 91

NAVAJAS AL AJILLO Y LIMÓN 92
- INGREDIENTES 92
- ELABORACIÓN 92
- TRUCO 92

PUDIN DE CABRACHO 93
- INGREDIENTES 93
- ELABORACIÓN 93
- TRUCO 94

RAPE CON CREMA SUAVE DE AJOS 95
- INGREDIENTES 95
- ELABORACIÓN 95
- TRUCO 95

MERLUZA A LA SIDRA CON COMPOTA DE MANZANA A LA MENTA 97
- INGREDIENTES 97
- ELABORACIÓN 97

TRUCO 98
SALMÓN MARINADO 99
    INGREDIENTES 99
    ELABORACIÓN 99
    TRUCO 99
TRUCHA AL QUESO AZUL 100
    INGREDIENTES 100
    ELABORACIÓN 100
    TRUCO 101
CRIADILLAS DE CORDERO EMPANADAS A LAS FINAS HIERBAS 102
    INGREDIENTES 102
    ELABORACIÓN 102
    TRUCO 102
ESCALOPE A LA MILANESA 103
    INGREDIENTES 103
    ELABORACIÓN 103
    TRUCO 103
ESTOFADO DE CARNE A LA JARDINERA 104
    INGREDIENTES 104
    ELABORACIÓN 104
    TRUCO 105
FLAMENQUINES 106
    INGREDIENTES 106
    ELABORACIÓN 106
    TRUCO 106

FRICANDÓ DE TERNERA 107
- INGREDIENTES 107
- ELABORACIÓN 107
- TRUCO 108

GACHAS CON CHORIZO Y SALCHICHAS 109
- INGREDIENTES 109
- ELABORACIÓN 109
- TRUCO 110

LACÓN CON GRELOS 111
- INGREDIENTES 111
- ELABORACIÓN 111
- TRUCO 112

HÍGADO DE TERNERA EN SALSA DE VINO TINTO 113
- INGREDIENTES 113
- ELABORACIÓN 113
- TRUCO 114

LIEBRE ESTOFADA 115
- INGREDIENTES 115
- ELABORACIÓN 115
- TRUCO 116

LOMO DE CERDO AL MELOCOTÓN 117
- INGREDIENTES 117
- ELABORACIÓN 117
- TRUCO 117

MAGRO ENTOMATADO 118
- INGREDIENTES 118

ELABORACIÓN 118

TRUCO 118

MANITAS DE CERDO ESTOFADAS 119

INGREDIENTES 119

ELABORACIÓN 119

TRUCO 120

MIGAS 121

INGREDIENTES 121

ELABORACIÓN 121

TRUCO 121

LOMO DE CERDO RELLENO 122

INGREDIENTES 122

ELABORACIÓN 122

TRUCO 123

TERNERA A LA CARBONARA 124

INGREDIENTES 124

ELABORACIÓN 124

TRUCO 125

MOLLEJAS DE CORDERO CON BOLETUS 126

INGREDIENTES 126

ELABORACIÓN 126

TRUCO 127

OSSOBUCO DE TERNERA A LA NARANJA 128

INGREDIENTES 128

ELABORACIÓN 128

TRUCO 129

SALCHICHAS AL VINO 130
    INGREDIENTES 130
    ELABORACIÓN 130
    TRUCO 130

PASTEL DE CARNE INGLÉS 131
    INGREDIENTES 131
    ELABORACIÓN 131
    TRUCO 132

TATAKI DE ATÚN MARINADO EN SOJA 133
    INGREDIENTES 133
    ELABORACIÓN 133
    TRUCO 133

PASTEL DE MERLUZA 135
    INGREDIENTES 135
    ELABORACIÓN 135
    TRUCO 135

PIMIENTOS RELLENOS DE BACALAO 136
    INGREDIENTES 136
    ELABORACIÓN 136
    TRUCO 137

RABAS 138
    INGREDIENTES 138
    ELABORACIÓN 138
    TRUCO 138

SOLDADITOS DE PAVÍA 139
    INGREDIENTES 139

ELABORACIÓN 139

TRUCO 140

TORTILLITAS DE CAMARONES 141

INGREDIENTES 141

ELABORACIÓN 141

TRUCO 141

TRUCHA A LA NAVARRA 142

INGREDIENTES 142

ELABORACIÓN 142

TRUCO 142

TARTAR DE SALMÓN CON AGUACATE 143

INGREDIENTES 143

ELABORACIÓN 143

TRUCO 143

VIEIRAS A LA GALLEGA 145

INGREDIENTES 145

ELABORACIÓN 145

TRUCO 145

POLLO EN SALSA CON CHAMPIÑONES 147

INGREDIENTES 147

ELABORACIÓN 147

TRUCO 148

ESCABECHE DE POLLO A LA SIDRA 149

INGREDIENTES 149

ELABORACIÓN 149

TRUCO 149

ESTOFADO DE POLLO CON NÍSCALOS 150
- INGREDIENTES 150
- ELABORACIÓN 150
- TRUCO 151

FILETE DE POLLO A LA MADRILEÑA 152
- INGREDIENTES 152
- ELABORACIÓN 152
- TRUCO 152

FRICANDÓ DE POLLO CON SETAS SHIITAKE 153
- INGREDIENTES 153
- ELABORACIÓN 153
- TRUCO 154

PERAS AL CHOCOLATE CON PIMIENTA 155
- INGREDIENTES 155
- ELABORACIÓN 155
- TRUCO 155

TARTA DE TRES CHOCOLATES CON GALLETA 156
- INGREDIENTES 156
- ELABORACIÓN 156
- TRUCO 157

MERENGUE SUIZO 158
- INGREDIENTES 158
- ELABORACIÓN 158
- TRUCO 158

CREPES DE CREMA DE AVELLANAS CON PLÁTANO 159
- INGREDIENTES 159

ELABORACIÓN 159

TRUCO 160

TARTA DE LIMÓN CON BASE DE CHOCOLATE 161

INGREDIENTES 161

ELABORACIÓN 161

TRUCO 162

TIRAMISÚ 163

INGREDIENTES 163

ELABORACIÓN 163

TRUCO 164

INTXAURSALSA (CREMA DE NUECES) 165

INGREDIENTES 165

ELABORACIÓN 165

TRUCO 165

LECHE MERENGADA 166

INGREDIENTES 166

ELABORACIÓN 166

TRUCO 166

LENGUAS DE GATO 167

INGREDIENTES 167

ELABORACIÓN 167

TRUCO 167

MAGDALENAS DE NARANJA 168

INGREDIENTES 168

ELABORACIÓN 168

TRUCO 168

MANZANAS ASADAS AL OPORTO 169
    INGREDIENTES 169
    ELABORACIÓN 169
    TRUCO 169

MERENGUE COCIDO 170
    INGREDIENTES 170
    ELABORACIÓN 170
    TRUCO 170

NATILLAS 171
    INGREDIENTES 171
    ELABORACIÓN 171
    TRUCO 171

PANNA COTTA DE CARAMELOS VIOLETA 172
    INGREDIENTES 172
    ELABORACIÓN 172
    TRUCO 172

GALLETAS DE CÍTRICOS 173
    INGREDIENTES 173
    ELABORACIÓN 173
    TRUCO 174

PASTAS DE MANGA 175
    INGREDIENTES 175
    ELABORACIÓN 175
    TRUCO 175

BIZCOCHO DE YOGUR 176
    INGREDIENTES 176

- ELABORACIÓN 176
- TRUCO 176

COMPOTA DE PLÁTANO AL ROMERO 177
- INGREDIENTES 177
- ELABORACIÓN 177
- TRUCO 177

CRÈME BRÛLÉE 178
- INGREDIENTES 178
- ELABORACIÓN 178
- TRUCO 178

BRAZO DE GITANO RELLENO DE NATA 179
- INGREDIENTES 179
- ELABORACIÓN 179
- TRUCO 179

FLAN DE HUEVO 180
- INGREDIENTES 180
- ELABORACIÓN 180
- TRUCO 180

GELATINA DE CAVA CON FRESAS 181
- INGREDIENTES 181
- ELABORACIÓN 181
- TRUCO 181

BUÑUELOS DE VIENTO 182
- INGREDIENTES 182
- ELABORACIÓN 182
- TRUCO 182

COCA DE SAN JUAN 183
    INGREDIENTES 183
    ELABORACIÓN 183
SALSA BOLOÑESA 184
    INGREDIENTES 184
    ELABORACIÓN 184
    TRUCO 185
CALDO BLANCO (DE POLLO O DE TERNERA) 186
    INGREDIENTES 186
    ELABORACIÓN 186
    TRUCO 187
TOMATE CONCASSÉ 188
    INGREDIENTES 188
    ELABORACIÓN 188
    TRUCO 188
SALSA ROBERT 189
    INGREDIENTES 189
    ELABORACIÓN 189
    TRUCO 189
SALSA ROSA 190
    INGREDIENTES 190
    ELABORACIÓN 190
    TRUCO 190
FUMET DE PESCADO 191
    INGREDIENTES 191
    ELABORACIÓN 191

TRUCO 191
SALSA ALEMANA 192
    INGREDIENTES 192
    ELABORACIÓN 192
    TRUCO 192
SALSA BRAVA 193
    INGREDIENTES 193
    ELABORACIÓN 193
    TRUCO 194
CALDO OSCURO (DE POLLO O DE TERNERA) 195
    INGREDIENTES 195
    ELABORACIÓN 195
    TRUCO 196
MOJO PICÓN 197
    INGREDIENTES 197
    ELABORACIÓN 197
    TRUCO 197
SALSA PESTO 198
    INGREDIENTES 198
    ELABORACIÓN 198
    TRUCO 198
SALSA AGRIDULCE 199
    INGREDIENTES 199
    ELABORACIÓN 199
    TRUCO 199
MOJO VERDE 200

    INGREDIENTES 200

    ELABORACIÓN 200

    TRUCO 200

SALSA BESAMEL 201

    INGREDIENTES 201

    ELABORACIÓN 201

    TRUCO 201

SALSA CAZADORA 202

    INGREDIENTES 202

    ELABORACIÓN 202

    TRUCO 202

SALSA ALIOLI 203

    INGREDIENTES 203

    ELABORACIÓN 203

    TRUCO 203

SALSA AMERICANA 204

    INGREDIENTES 204

    ELABORACIÓN 204

    TRUCO 205

SALSA AURORA 206

    INGREDIENTES 206

    ELABORACIÓN 206

    TRUCO 206

SALSA BARBACOA 207

    INGREDIENTES 207

    ELABORACIÓN 207

TRUCO	208
SALSA BEARNESA	209
INGREDIENTES	209
ELABORACIÓN	209
TRUCO	210
SALSA CARBONARA	211
INGREDIENTES	211
ELABORACIÓN	211
TRUCO	211
SALSA CHARCUTERA	212
INGREDIENTES	212
ELABORACIÓN	212
TRUCO	212
SALSA CUMBERLAND	213
INGREDIENTES	213
ELABORACIÓN	213
TRUCO	214
SALSA CURRY	215
INGREDIENTES	215
ELABORACIÓN	215
TRUCO	216
SALSA DE AJO	217
INGREDIENTES	217
ELABORACIÓN	217
TRUCO	217
SALSA DE MORAS	218

INGREDIENTES 218

ELABORACIÓN 218

TRUCO 218

SALSA DE SIDRA 219

INGREDIENTES 219

ELABORACIÓN 219

TRUCO 219

SALSA DE TOMATE .... **Errore. Il segnalibro non è definito.**

INGREDIENTES .... **Errore. Il segnalibro non è definito.**

ELABORACIÓN .... **Errore. Il segnalibro non è definito.**

TRUCO .... **Errore. Il segnalibro non è definito.**

SALSA DE VINO PEDRO XIMÉNEZ**Errore. Il segnalibro non è definito.**

INGREDIENTES .... **Errore. Il segnalibro non è definito.**

ELABORACIÓN .... **Errore. Il segnalibro non è definito.**

TRUCO .... **Errore. Il segnalibro non è definito.**

SALSA CREMA .... **Errore. Il segnalibro non è definito.**

INGREDIENTES .... **Errore. Il segnalibro non è definito.**

ELABORACIÓN .... **Errore. Il segnalibro non è definito.**

TRUCO .... **Errore. Il segnalibro non è definito.**

SALSA MAHONESA .... **Errore. Il segnalibro non è definito.**

INGREDIENTES .... **Errore. Il segnalibro non è definito.**

ELABORACIÓN .... **Errore. Il segnalibro non è definito.**

TRUCO .... **Errore. Il segnalibro non è definito.**

SALSA DE YOGUR Y ENELDO . **Errore. Il segnalibro non è definito.**

INGREDIENTES .... **Errore. Il segnalibro non è definito.**

ELABORACIÓN .... Errore. Il segnalibro non è definito.
TRUCO .... Errore. Il segnalibro non è definito.
SALSA DIABLA .... Errore. Il segnalibro non è definito.
INGREDIENTES .... Errore. Il segnalibro non è definito.
ELABORACIÓN .... Errore. Il segnalibro non è definito.
TRUCO .... Errore. Il segnalibro non è definito.
SALSA ESPAÑOLA .... Errore. Il segnalibro non è definito.
INGREDIENTES .... Errore. Il segnalibro non è definito.
ELABORACIÓN .... Errore. Il segnalibro non è definito.
TRUCO .... Errore. Il segnalibro non è definito.
SALSA HOLANDESA .... Errore. Il segnalibro non è definito.
INGREDIENTES .... Errore. Il segnalibro non è definito.
ELABORACIÓN .... Errore. Il segnalibro non è definito.
TRUCO .... Errore. Il segnalibro non è definito.
SALSA ITALIANA .... Errore. Il segnalibro non è definito.
INGREDIENTES .... Errore. Il segnalibro non è definito.
ELABORACIÓN .... Errore. Il segnalibro non è definito.
TRUCO .... Errore. Il segnalibro non è definito.
SALSA MUSELINA .... Errore. Il segnalibro non è definito.
INGREDIENTES .... Errore. Il segnalibro non è definito.
ELABORACIÓN .... Errore. Il segnalibro non è definito.
TRUCO .... Errore. Il segnalibro non è definito.

POTE GALLEGO

INGREDIENTES

250 g de judías blancas

500 g de grelos limpios

500 g de morcillo

100 g de lacón

100 g de unto

1 hueso de espinazo

3 patatas

1 chorizo

1 morcilla

Sal

ELABORACIÓN

Poner las judías en remojo en agua fría 12 h antes.

Echar todos los ingredientes en una olla, excepto las patatas y los grelos, y cocerlos en 2 l desde agua fría sin salar y a fuego lento.

En otra cazuela, cocinar los grelos desde agua hirviendo con sal 15 min.

Cuando las judías estén casi en su punto, incorporar las patatas cacheladas y rectificar de sal. Echar los grelos. Dejar unos segundos al fuego y llevar a la mesa con las carnes porcionadas.

TRUCO

Cortar la cocción 3 veces con agua fría o hielo durante la elaboración, así las judías salen más tiernas y no pierden su piel.

LENTEJAS A LA LIONESA

INGREDIENTES

500 g de lentejas

700 g de cebolla

200 g de mantequilla

1 rama de perejil

1 rama de tomillo

1 hoja de laurel

1 cebolla pequeña

1 zanahoria

6 clavos de olor

Sal

ELABORACIÓN

Sofreír a fuego lento la cebolla cortada en juliana en la mantequilla. Tapar y dejar rehogar hasta que adquiera un tono ligeramente dorado.

Incorporar las lentejas, los clavos clavados en la cebolla pequeña entera, la zanahoria troceada y las hierbas. Cubrir de agua fría.

Desespumar y cocer a fuego suave hasta que la legumbre esté tierna. Rectificar de sal.

TRUCO

Es importante comenzar con una cocción a fuego fuerte para pasar a fuego medio, así evitaremos que se peguen.

LENTEJAS AL CURRY CON MANZANA

INGREDIENTES

300 g de lentejas

8 cucharadas de nata

1 cucharada de curry

1 manzana golden

1 rama de tomillo

1 rama de perejil

1 hoja de laurel

2 cebollas

1 diente de ajo

3 clavos de olor

4 cucharadas de aceite

Sal y pimienta

ELABORACIÓN

Cocer durante 1 h las lentejas desde agua fría junto con 1 cebolla, el ajo, el laurel, el tomillo, el perejil, los clavos, sal y pimienta.

Aparte, rehogar en el aceite la otra cebolla con la manzana. Añadir el curry y remover.

Incorporar las lentejas a la cazuela de la manzana y cocinar 5 min más. Añadir la nata y remover con cuidado.

TRUCO

Si sobran lentejas, se pueden convertir en una crema y acompañarla de unas gambas salteadas.

POCHAS A LA NAVARRA

INGREDIENTES

400 g de pochas

1 cucharada de pimentón

5 dientes de ajo

1 pimiento verde italiano

1 pimiento rojo

1 puerro limpio

1 zanahoria

1 cebolla

1 tomate grande

Aceite de oliva

Sal

ELABORACIÓN

Limpiar bien las pochas. Cubrirlas de agua en una olla junto con los pimientos, la cebolla, el puerro, el tomate y la zanahoria. Cocer unos 35 min.

Retirar las verduras y triturar. Luego, añadirlas de nuevo al guiso.

Picar finamente los ajos y dorarlos en un poco de aceite. Retirar del fuego y añadir el pimentón. Rehogar 5 s e incorporar a las pochas. Rectificar de sal.

TRUCO

Al ser unas legumbres frescas, el tiempo de cocción es mucho más corto.

LENTEJAS

INGREDIENTES

500 g de lentejas

1 cucharada de pimentón

1 zanahoria grande

1 cebolla mediana

1 pimiento grande

2 dientes de ajo

1 patata grande

1 punta de jamón

1 chorizo

1 morcilla

Tocino

1 hoja de laurel

Sal

ELABORACIÓN

Rehogar la verdura bien picada hasta que esté ligeramente blanda. Echar el pimentón y añadir 1 ½ l de agua (puede sustituirse por caldo de verduras o incluso por caldo de carne). Incorporar las lentejas, la carne, la punta de jamón y el laurel.

Sacar y reservar el chorizo y la morcilla cuando estén blandos para que no se rompan. Seguir cocinando las lentejas hasta que estén en su punto.

Agregar la patata cortada en daditos y guisar 5 min más. Poner a punto de sal.

TRUCO

Para darle un toque diferente, añadir a las lentejas durante su cocción 1 ramita de canela.

MUSAKA DE ALUBIAS CON SETAS

INGREDIENTES

250 g de alubias rojas cocidas

500 g de salsa de tomate casera

200 g de setas

100 g de queso rallado

½ vasito de vino tinto

2 berenjenas

2 dientes de ajo

1 cebolla grande

½ pimiento verde

½ pimiento amarillo

¼ de pimiento rojo

1 hoja de laurel

Leche

Orégano

Aceite de oliva

Sal y pimienta

ELABORACIÓN

Cortar las berenjenas en rodajas y ponerlas en leche con sal para que pierdan su amargor.

Aparte, picar la cebolla, los ajos y los pimientos y sofreírlos en una sartén. Añadir las setas y seguir salteando. Regar con el vino y dejar que reduzca a fuego fuerte. Incorporar la salsa de tomate, el orégano y el laurel. Cocer durante 15 min. Retirar del fuego y añadir las alubias. Salpimentar.

Mientras, escurrir y secar bien las rodajas de berenjenas y freírlas en poco aceite por ambos lados.

Poner en una fuente de horno capas de alubias y berenjenas hasta que se acaben los ingredientes. Finalizar con una capa de berenjenas. Espolvorear con queso rallado y gratinar.

TRUCO

Esta receta es exquisita con lentejas o con cualquier legumbre que sobre de otras elaboraciones.

POTAJE DE VIGILIA

INGREDIENTES

1 kg de garbanzos

1 kg de bacalao

500 g de espinacas

50 g de almendras

3 l de fumet

2 cucharadas soperas de salsa de tomate

1 cucharada de pimentón

3 rebanadas de pan frito

2 dientes de ajo

1 pimiento verde

1 cebolla

1 hojita de laurel

Aceite de oliva

Sal

ELABORACIÓN

Dejar los garbanzos en remojo durante 24 h.

Sofreír en una olla a fuego medio la cebolla, los ajos y el pimiento cortados en dados pequeños. Añadir el pimentón, la hoja de laurel, la salsa de tomate y bañar con el fumet de pescado. Cuando empiece a hervir, echar los garbanzos. Cuando estén casi tiernos, agregar el bacalao y las espinacas.

Mientras, majar las almendras con el pan frito. Triturar e incorporar al potaje. Cocer 5 min más y rectificar de sal.

TRUCO

Los garbanzos deben incorporarse a la olla con el agua hirviendo, de lo contrario quedarán duros y perderán la piel con mucha facilidad.

POCHAS CON BERBERECHOS

INGREDIENTES

400 g de pochas

500 g de berberechos

½ vaso de vino blanco

4 dientes de ajo

1 pimiento verde pequeño

1 tomate pequeño

1 cebolla

1 puerro

1 cayena

Perejil fresco picado

Aceite de oliva

ELABORACIÓN

Poner en una olla las pochas, el pimiento, ½ cebolla, el puerro limpio, 1 diente de ajo y el tomate. Cubrir de agua fría y cocer unos 35 min hasta que las legumbres estén tiernas.

Aparte, rehogar a fuego fuerte la otra media cebolla, la cayena y los ajos restantes cortados muy pequeños. Añadir los berberechos y bañar con el vino.

Incorporar los berberechos con su salsa a las pochas, añadir el perejil y cocer 2 min más. Rectificar de sal.

TRUCO

Sumergir durante 2 h en agua fría con sal los berberechos para que suelten toda la tierra que puedan tener.

BACALAO AJOARRIERO

INGREDIENTES

400 g de bacalao desalado desmigado

2 cucharadas de pimiento choricero hidratado

2 cucharadas de salsa de tomate

1 pimiento verde

1 pimiento rojo

1 diente de ajo

1 cebolla

1 guindilla

Aceite de oliva

Sal

ELABORACIÓN

Cortar en juliana las verduras y rehogarlas a fuego medio bajo hasta que estén bien blandas. Salar.

Incorporar las cucharadas del pimiento choricero, la salsa de tomate y la guindilla. Agregar el bacalao desmigado y cocinar 2 min.

TRUCO

Es el relleno perfecto para preparar una deliciosa empanada.

BERBERECHOS AL VAPOR DE JEREZ

INGREDIENTES

750 g de berberechos

600 ml de vino de Jerez

1 hoja de laurel

1 diente de ajo

1 limón

2 cucharadas de aceite de oliva

Sal

ELABORACIÓN

Purgar los berberechos.

Añadir 2 cucharadas de aceite en una cazuela caliente y dorar levemente el ajo picado.

Incorporar de golpe los berberechos, el vino, el laurel, el limón y la sal. Tapar y cocinar hasta que se abran.

Servir los berberechos con su salsa.

TRUCO

Purgar significa sumergir los bivalvos en agua fría con abundante sal para que expulsen la posible arena e impurezas.

ALL I PEBRE DE RAPE CON GAMBAS

INGREDIENTES

Para el fumet de pescado

15 cabezas y cuerpos de gambas

1 cabeza o 2 espinas de cola de rape o de pescado blanco

Salsa de tomate

1 cebolleta

1 puerro

Sal

Para el guiso

1 cola de rape grande (o 2 pequeñas)

Cuerpos de las gambas

1 cucharada de pimentón dulce

8 dientes de ajo

4 patatas grandes

3 rodajas de pan

1 cayena

Almendras sin pelar

Aceite de oliva

Sal y pimienta

ELABORACIÓN

Para el fumet de pescado

Hacer un caldo de pescado rehogando los cuerpos de las gambas y la salsa de tomate. Incorporar las espinas de rape o la cabeza y las verduras cortadas en juliana. Cubrir con agua y cocer 20 min, Colar y poner a punto de sal.

Para el guiso

Dorar en una sartén los ajos sin cortar. Retirar y reservar. Sofreír en ese mismo aceite las almendras. Retirar y reservar.

Dorar en el mismo aceite el pan. Retirar.

Majar en un mortero los ajos, un puñado de almendras enteras y sin pelar, las rodajas de pan y la cayena.

Rehogar ligeramente en el aceite de dorar los ajos el pimentón, con cuidado de que no se queme y añadírselo al fumet.

Incorporar las patatas cacheladas y cocer hasta que estén tiernas. Añadir el rape salpimentado y cocinar 3 min. Agregar el majado y las gambas, y cocer 2 min más hasta que la salsa se espese. Poner a punto de sal y servir caliente.

TRUCO

Usar solo el fumet necesario para cubrir las patatas. El pescado más utilizado para esta receta es la anguila, pero se puede hacer con cualquier pescado carnoso como el cazón o el congrio.

BESUGO ASADO

INGREDIENTES

1 besugo limpio, eviscerado y desescamado

25 g de pan rallado

2 dientes de ajo

1 guindilla

Vinagre

Aceite de oliva

Sal

ELABORACIÓN

Salar y untar de aceite el besugo por dentro y por fuera. Espolvorear por encima el pan rallado y hornear a 180 ºC durante 25 min.

Mientras, rehogar a fuego medio los ajos fileteados y la guindilla. Echar un chorrito de vinagre fuera del fuego y aderezar con esta salsa el besugo.

TRUCO

Cincelar es realizar unas incisiones a lo ancho del pescado para que se cocine más rápido.

ALMEJAS A LA MARINERA

INGREDIENTES

1 kg de almejas

1 vaso pequeño de vino blanco

1 cucharada de harina

2 dientes de ajo

1 tomate pequeño

1 cebolla

½ guindilla

Colorante o azafrán (opcional)

Aceite de oliva

Sal

ELABORACIÓN

Sumergir las almejas un par de horas en agua fría con abundante sal para que expulsen los posibles restos de tierra.

Una vez limpias, cocer las almejas en el vino y en ¼ l de agua. En cuanto se abran, retirar y reservar el líquido.

Cortar en trozos pequeños la cebolla, los ajos y el tomate, y sofreírlos en un poco de aceite. Incorporar la guindilla y cocinar hasta que esté todo bien pochado.

Añadir la cucharada de harina y cocinar 2 min más. Bañar con el agua de la cocción de las almejas. Cocer 10 min y rectificar de sal. Echar las almejas y guisar otro minuto. Agregar ahora el colorante o el azafrán.

TRUCO

Se puede sustituir el vino blanco por uno dulce. La salsa es buenísima.

BACALAO AL PILPIL

INGREDIENTES

4 o 5 lomos de bacalao desalado

4 dientes de ajo

1 guindilla

½ l de aceite de oliva

ELABORACIÓN

Dorar en el aceite de oliva a fuego suave los ajos y la guindilla. Retirarlos y dejar que el aceite pierda ligeramente la temperatura.

Echar los lomos de bacalao con la piel hacia arriba y cocinar 1 min a fuego lento. Dar la vuelta y dejar 3 min más. Es importante que se cueza en el aceite, no que se fría.

Retirar el bacalao, decantar poco a poco el aceite hasta que quede solo la sustancia blanca (gelatina) que soltó el bacalao.

Fuera del fuego y con ayuda de un colador, batir con unas varillas o con los propios movimientos circulares ir incorporando a hilo el aceite decantado. Montar durante 10 min el pilpil sin dejar de remover.

Cuando esté hecho, meter de nuevo el bacalao y mover otro minuto más.

TRUCO

Para darle un toque diferente, infusionar en el aceite donde se va a hacer el bacalao un hueso de jamón o unas hierbas aromáticas.

BOQUERONES REBOZADOS EN CERVEZA

INGREDIENTES

Boquerones limpios sin espinas

1 lata de cerveza muy fría

Harina

Aceite de oliva

Sal

ELABORACIÓN

Poner la cerveza en un bol e ir añadiendo harina, batiendo constantemente con unas varillas, hasta obtener una textura espesa que al empapar el boquerón apenas gotee.

Freír en abundante aceite y salar al final.

TRUCO

Se puede utilizar cualquier tipo de cerveza. Con la negra sale espectacular.

CHIPIRONES EN SU TINTA

INGREDIENTES

1 ½ kg de chipirones

1 vaso de vino blanco

3 cucharadas de salsa de tomate

4 sobres de tinta de calamar

2 cebollas

1 pimiento rojo

1 pimiento verde

1 hoja de laurel

Aceite de oliva

Sal y pimienta

ELABORACIÓN

Sofreír a fuego lento las cebollas y los pimientos cortados finamente. Cuando estén rehogados, incorporar los chipirones limpios y troceados. Subir el fuego y salpimentar.

Mojar con el vino blanco y dejar que reduzca. Añadir la salsa de tomate, los sobre de tinta de calamar y la hoja de laurel. Tapar y cocer a fuego lento hasta que los chipirones estén blandos.

TRUCO

Se pueden servir con una buena pasta o incluso con unas patatas fritas.

BACALAO CLUB RANERO

INGREDIENTES

Bacalao al pilpil

10 tomates de rama maduros

4 pimientos choriceros

2 pimientos verdes

2 pimientos rojos

2 cebollas

Azúcar

Sal

ELABORACIÓN

Asar los tomates y los pimientos hasta que estén blandos a 180 ºC.

Una vez asados los pimientos, tapar durante 30 min, quitar la piel y cortar en tiras.

Pelar y partir finamente los tomates. Pocharlos junto con las cebollas cortadas en tiras finitas y la pulpa de los pimientos choriceros (hidratados previamente en agua caliente durante 30 min).

Incorporar los pimientos asados cortados en tiras y cocer 5 min. Rectificar de sal y de azúcar.

Calentar el pilpil junto con el bacalao y los pimientos.

TRUCO

Se puede juntar el pilpil con los pimientos o poner estos como base, el bacalao encima y salsear con el pilpil. También se puede hacer con un buen pisto.

LENGUADO A LA NARANJA

INGREDIENTES

4 lenguados

110 g de mantequilla

110 ml de fumet

1 cucharada de perejil fresco picado

1 cucharadita de pimentón

2 naranjas grandes

1 limón pequeño

Harina

Sal y pimienta

ELABORACIÓN

Derretir la mantequilla en una sartén. Enharinar y salpimentar los lenguados. Dorarlos en la mantequilla por ambas caras. Añadir el pimentón, el zumo de las naranjas y del limón y el fumet.

Cocer 2 min a fuego medio hasta que la salsa espese un poco. Decorar con el perejil y servir inmediatamente.

TRUCO

Para obtener más zumo de los cítricos, calentarlos en el microondas durante 10 s a máxima potencia.

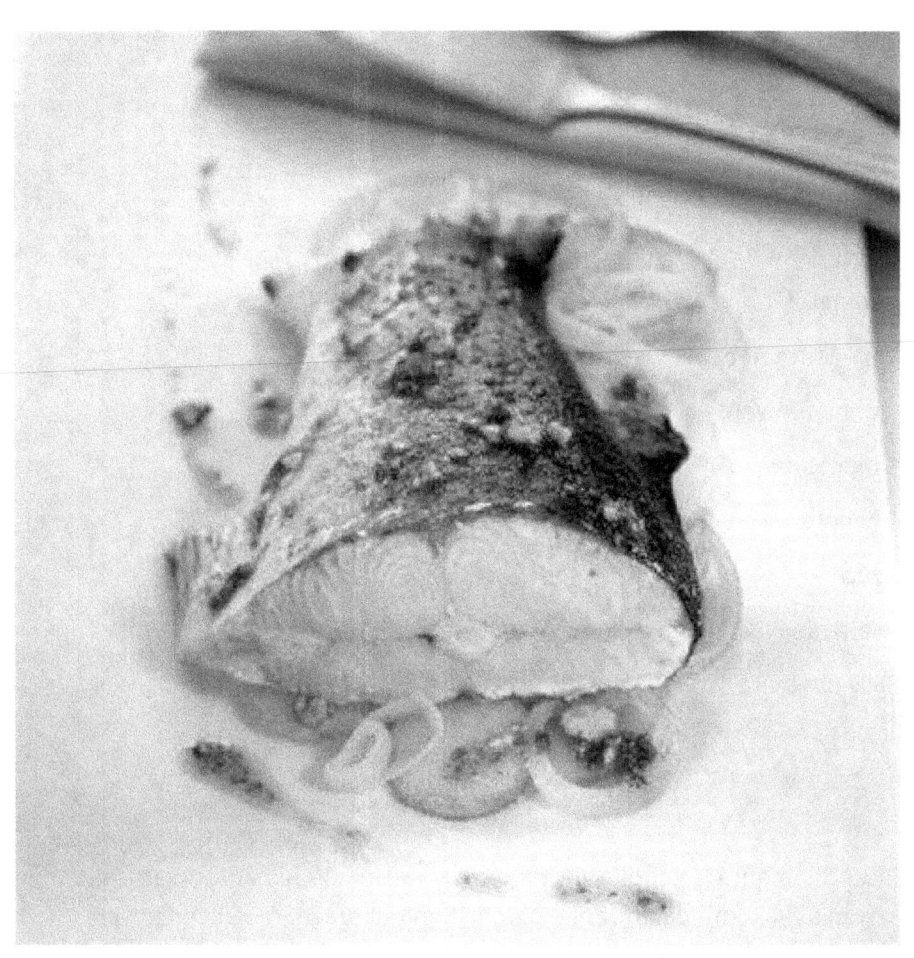

MERLUZA A LA RIOJANA

INGREDIENTES

4 lomos de merluza

100 ml de vino blanco

2 tomates

1 pimiento rojo

1 pimiento verde

1 diente de ajo

1 cebolla

Azúcar

Aceite de oliva

Sal y pimienta

ELABORACIÓN

Picar finamente la cebolla, los pimientos y el ajo. Rehogar todo en una sartén a fuego medio durante 20 min. Subir el fuego, mojar con el vino y dejar que reduzca hasta que quede seco.

Agregar los tomates rallados y cocinar hasta que pierdan toda su agua. Rectificar de sal, pimienta y azúcar si estuviera ácido.

Rehogar los lomos en una plancha hasta que estén dorados por fuera y jugosos por dentro. Acompañar con las verduras.

TRUCO

Salar la merluza 15 min antes de la cocción para que la sal se reparta de manera más homogénea.

BACALAO CON SALSA DE FRESAS

INGREDIENTES

4 lomos de bacalao desalado

400 g de azúcar moreno

200 g de fresas

2 dientes de ajo

1 naranja

Harina

Aceite de oliva

ELABORACIÓN

Triturar las fresas junto con el zumo de naranja y el azúcar. Cocer 10 min y remover.

Laminar los ajos y dorarlos en una sartén con un poco de aceite. Retirar y reservar. Freír en ese mismo aceite el bacalao enharinado.

Servir el bacalao con la salsa en un bol aparte y colocar los ajos por encima.

TRUCO

Se pueden sustituir las fresas por una mermelada de naranja amarga. Entonces, solo habrá que utilizar 100 g de azúcar moreno.

TRUCHA EN ESCABECHE

INGREDIENTES

4 truchas

½ l de vino blanco

¼ l de vinagre

1 cebolla pequeña

1 zanahoria grande

2 dientes de ajo

4 clavos de olor

2 hojas de laurel

1 rama de tomillo

Harina

¼ l de aceite de oliva

Sal

ELABORACIÓN

Salar y enharinar las truchas. Freír 2 min por cada lado en el aceite (deben quedar crudas por dentro). Retirar y reservar.

Pochar en esa misma grasa las verduras partidas en juliana durante 10 min.

Bañar con el vinagre y el vino. Sazonar con una pizca de sal, las hierbas y las especias. Cocer a fuego lento otros 10 min.

Incorporar las truchas, tapar y cocer 5 min más. Dejar reposar fuera del fuego y servir cuando estén frías.

TRUCO

Esta receta está mejor si se come de un día para otro. El reposo le aporta más sabor. Aprovechar las sobras para hacer una deliciosa ensalada de trucha escabechada.

BESUGO A LA BILBAÍNA

INGREDIENTES

1 besugo de 2 kg

½ l de vino blanco

2 cucharadas de vinagre

6 dientes de ajo

1 guindilla

2 dl de aceite de oliva

Sal

ELABORACIÓN

Cincelar el besugo, salar, ponerle un poco de aceite y hornear a 200 ºC durante 20 o 25 min. Bañar poco a poco con el vino.

Mientras, dorar en los 2 dl de aceite los ajos fileteados junto con la guindilla. Mojar con el vinagre y salsear por encima del besugo.

TRUCO

Cincelar significa hacer incisiones al pescado para facilitar su cocción.

GAMBAS AL AJILLO

INGREDIENTES

250 g de gambas

3 dientes de ajo fileteados

1 limón

1 guindilla

10 cucharadas de aceite de oliva

Sal

ELABORACIÓN

Poner las gambas peladas en un bol, salar abundantemente e incorporar el zumo del limón. Remover.

Dorar en una sartén los ajos fileteados y la guindilla. Antes de que cojan color, añadir las gambas y freírlas durante 1 min.

TRUCO

Para que tengan más sabor, macerar las gambas con sal y el limón 15 min antes de freírlas.

BUÑUELOS DE BACALAO

INGREDIENTES

100 g de bacalao desalado en migas

100 g de cebolleta

1 cucharada de perejil fresco

1 botellín de cerveza fría

Colorante

Harina

Aceite de oliva

Sal y pimienta

ELABORACIÓN

Poner en un bol el bacalao, la cebolleta y el perejil muy picados, la cerveza, una punta de colorante, sal y pimienta.

Mezclar e incorporar de una en una cucharadas de harina sin dejar de remover hasta obtener una masa de textura parecida a la de una papilla ligeramente espesa (que no gotee). Dejar reposar en frío durante 20 min.

Freír en abundante aceite, echando cucharadas de la masa. Cuando estén doradas, retirar y colocar sobre papel absorbente.

TRUCO

Si no se dispone de cerveza, se puede hacer con gaseosa.

BACALAO DOURADO

INGREDIENTES

400 g de bacalao desalado y desmigado

6 huevos

4 patatas medianas

1 cebolla

Perejil fresco

Aceite de oliva

Sal

ELABORACIÓN

Pelar y cortar las patatas en paja. Lavar bien hasta que el agua salga transparente y luego freírlas en abundante aceite caliente. Sazonar con sal.

Pochar la cebolla cortada en juliana. Subir el fuego, incorporar el bacalao desmigado y cocinar hasta se quede sin líquido.

En un bol aparte, batir los huevos, incorporar el bacalao, las patatas y la cebolla. Cuajar ligerísimamente en sartén. Poner a punto de sal y terminar con perejil fresco picado.

TRUCO

Tiene que quedar poco cuajado para conseguir que esté jugoso. Las patatas no se salan hasta el final para que no pierdan su crujiente.

CENTOLLO A LA VASCA

INGREDIENTES

1 centollo

500 g de tomates

75 g de jamón serrano

50 g de miga fresca (o pan rallado)

25 g de mantequilla

1½ copa de brandi

1 cucharada de perejil

1/8 de cebolla

½ diente de ajo

Sal y pimienta

ELABORACIÓN

Cocer el centollo (1 min por cada 100 g) en 2 l de agua con 140 g de sal. Refrescar y sacar la carne.

Pochar la cebolla y el ajo cortados en trocitos junto con el jamón partido en juliana fina. Incorporar los tomates rallados y el perejil picado, y cocinar hasta obtener una pasta seca.

Agregar la carne del centollo, mojar con el brandi y flambear. Añadir fuera del fuego la mitad de la miga y rellenar el centollo.

Espolvorear por encima con el resto de la miga y repartir sobre ella la mantequilla cortada en trocitos. Gratinar en el horno hasta que esté dorado por encima.

TRUCO

Se puede hacer también con un buen chorizo ibérico, e incluso rellenarlo con un queso ahumado.

BOQUERONES EN VINAGRE

INGREDIENTES

12 boquerones

300 cl de vinagre de vino

1 diente de ajo

Perejil picado

Aceite de oliva virgen extra

1 cucharadita de sal

ELABORACIÓN

Poner los boquerones limpios en una placa lisa junto con el vinagre diluido en agua y sal. Reservar en el frigorífico durante 5 h.

Mientras tanto, macerar en aceite el ajo cortado finito y el perejil.

Sacar los boquerones del vinagre y cubrirlos con el aceite y el ajo. Volverlo a meter en el frigorífico otras 2 h más.

TRUCO

Lavar repetidamente los boquerones hasta que el agua salga transparente.

BRANDADA DE BACALAO

INGREDIENTES

¾ kg de bacalao desalado

1 dl de leche

2 dientes de ajo

3 dl de aceite de oliva

Sal

ELABORACIÓN

Calentar en una olla pequeña el aceite con los ajos a fuego medio durante 5 min. Incorporar el bacalao y cocinar a fuego muy suave otros 5 min.

Calentar la leche e introducirla en un vaso triturador. Incorporar el bacalao sin piel y los ajos. Batir hasta obtener una masa fina.

Añadir el aceite sin dejar de batir hasta conseguir una masa consistente. Rectificar de sal y gratinar en el horno a máxima potencia.

TRUCO

Se puede comer sobre pan tostado y aderezar por encima con un poquito de alioli.

CAZÓN EN ADOBO (BIENMESABE)

INGREDIENTES

500 g de cazón

1 vaso de vinagre

1 cucharada rasa de comino molido

1 cucharada rasa de pimentón dulce

1 cucharada rasa de orégano

4 hojas de laurel

5 dientes de ajo

Harina

Aceite de oliva

Sal

ELABORACIÓN

Poner en un recipiente profundo el cazón previamente cortado en taquitos y limpio.

Añadir un buen puñado de sal y las cucharaditas de pimentón, comino y orégano.

Machacar los ajos con la piel y añadírselo al recipiente. Romper las hojas de laurel y echarlas también. Por último, incorporar el vaso de vinagre y otro de agua. Dejar reposar de un día para otro.

Secar los trozos de cazón, enharinar y freír.

TRUCO

Si el comino está recién molido, poner solo ¼ de la cucharada rasa. Se puede hacer con otros pescados como la palometa o el rape.

ESCABECHE DE CÍTRICOS Y ATÚN

INGREDIENTES

800 g de atún (o bonito fresco)

70 ml de vinagre

140 ml de vino

1 zanahoria

1 puerro

1 diente de ajo

1 naranja

½ limón

1 hoja de laurel

70 ml de aceite

Sal y pimienta en grano

ELABORACIÓN

Partir en bastones la zanahoria, el puerro y el ajo, y rehogar en un poco de aceite. Cuando la verdura esté blanda, mojar con el vinagre y el vino.

Añadir el laurel y la pimienta. Rectificar de sal y cocer otros 10 min. Incorporar las ralladuras y los zumos de los cítricos, y el atún cortado en 4 trozos. Cocinar 2 min más y dejar que repose tapado fuera del fuego.

TRUCO

Seguir los mismos pasos para hacer un escabeche de pollo delicioso. Solo es necesario dorar el pollo antes de añadirlo a la cazuela del escabeche, y cocer 15 min más.

GAMBAS A LA GABARDINA

INGREDIENTES

500 g de gambas

100 g de harina

½ dl de cerveza fría

Colorante

Aceite de oliva

Sal

ELABORACIÓN

Pelar las gambas sin quitarles el final de la cola.

Mezclar en un bol la harina, una punta de colorante y sal. Incorporar poco a poco y sin dejar de batir la cerveza.

Coger las gambas por la cola, pasarlas por la masa anterior y freírlas en abundante aceite. Retirar cuando estén doradas y reservar sobre papel absorbente.

TRUCO

Se puede añadir a la harina 1 cucharadita de curry o de pimentón.

FLAN DE ATÚN CON ALBAHACA

INGREDIENTES

125 g de atún en aceite en conserva

½ l de leche

4 huevos

1 rebanada de pan de molde

1 cucharada de parmesano rallado

4 hojas de albahaca fresca

Harina

Aceite de oliva

Sal y pimienta

ELABORACIÓN

Triturar el atún con la leche, los huevos, el pan de molde, el parmesano y la albahaca. Poner a punto de sal y pimienta.

Introducir la masa en moldes individuales previamente engrasados y enharinados, y hornear al baño maría a 170 ºC durante 30 min.

TRUCO

También se puede preparar esta receta con mejillones o sardinas en conserva.

LENGUADO A LA MENIER

INGREDIENTES

6 lenguados

250 g de mantequilla

50 g de zumo de limón

2 cucharadas de perejil finamente picado

Harina

Sal y pimienta

ELABORACIÓN

Salpimentar y enharinar los lenguados limpios de cabezas y pieles. Freírlos en la mantequilla derretida por ambos lados a fuego medio con cuidado que no se queme la harina.

Retirar el pescado y añadir a la sartén el zumo de limón y el perejil. Cocer 3 min sin parar de remover. Emplatar el pescado acompañado con la salsa.

TRUCO

Añadir unas alcaparras para dar un toque delicioso a la receta.

LOMO DE SALMÓN AL CAVA

INGREDIENTES

2 lomos de salmón

½ l de cava

100 ml de nata

1 zanahoria

1 puerro

Aceite de oliva

Sal y pimienta

ELABORACIÓN

Salpimentar y dorar el salmón por ambas caras. Reservar.

Cortar la zanahoria y el puerro en bastones alargados finos. Saltear 2 min la verdura en el mismo aceite donde se ha hecho el salmón. Mojar con el cava y dejar que reduzca a la mitad.

Añadir la nata, cocer 5 min y agregar el salmón. Guisar otros 3 min y rectificar de sal y pimienta.

TRUCO

Se puede hacer el salmón al vapor durante 12 min y acompañar con esta salsa.

LUBINA A LA BILBAÍNA CON PIQUILLOS

INGREDIENTES

4 lubinas

1 cucharada de vinagre

4 dientes de ajo

Pimientos del piquillo

125 ml de aceite de oliva

Sal y pimienta

ELABORACIÓN

Sacar lomos a las lubinas. Salpimentar y sofreír en una sartén a fuego fuerte hasta que estén dorados por fuera y jugosos por dentro. Sacar y reservar.

Laminar los ajos y freírlos ligeramente en el mismo aceite del pescado. Mojar con el vinagre.

Dorar en esa misma sartén los pimientos.

Servir los lomos de lubina con la salsa por encima y acompañar de los pimientos.

TRUCO

La salsa bilbaína se puede preparar con antelación; luego solo hace falta calentar y servir.

MEJILLONES EN VINAGRETA

INGREDIENTES

1 kg de mejillones

1 vaso pequeño de vino blanco

2 cucharadas de vinagre

1 pimiento verde pequeño

1 tomate grande

1 cebolleta pequeña

1 hoja de laurel

6 cucharadas de aceite de oliva

Sal

ELABORACIÓN

Limpiar a conciencia los mejillones con un estropajo nuevo.

Poner los mejillones en una olla con el vino y el laurel. Tapar y cocer a fuego fuerte hasta que se abran. Reservar y desechar una de las conchas.

Hacer una vinagreta cortando finamente el tomate, la cebolleta y el pimiento. Aderezar con el vinagre, el aceite y sal. Remover y salsear por encima de los mejillones.

TRUCO

Dejar reposar de un día para otro para que se potencien los sabores.

MARMITAKO

INGREDIENTES

300 g de atún (o bonito)

1 l de fumet de pescado

1 cucharada de pimiento choricero

3 patatas grandes

1 pimiento rojo grande

1 pimiento verde grande

1 cebolla

Aceite de oliva

Sal y pimienta

ELABORACIÓN

Rehogar la cebolla y los pimientos cortados en cuadrados. Incorporar la cucharada de pimiento choricero y las patatas peladas y cacheladas. Remover durante 5 min.

Mojar con el fumet de pescado y cuando empiece a cocer, salpimentar. Cocer a fuego lento hasta que las patatas estén en su punto.

Apagar el fuego e incorporar entonces el atún cortado en tacos y salpimentado. Dejar reposar 10 min antes de servir.

TRUCO

Se puede sustituir el atún por salmón. El resultado es sorprendente.

LUBINA A LA SAL

INGREDIENTES

1 lubina

600 g de sal gorda

ELABORACIÓN

Eviscerar y limpiar el pescado. Poner una cama de sal en una placa, colocar la lubina encima y tapar con el resto de la sal.

Hornear a 220 ºC hasta que la sal se haya endurecido y se rompa. Son aproximadamente 7 min por cada 100 g de pescado.

TRUCO

No hay que desescamar el pescado cuando se cocine a la sal, ya que las escamas protegen la carne de la alta temperatura. Se puede aromatizar la sal con hierbas o añadirle una clara de huevo.

MEJILLONES AL VAPOR

INGREDIENTES

1 kg de mejillones

1 dl de vino blanco

1 hoja de laurel

ELABORACIÓN

Limpiar a conciencia los mejillones con un estropajo nuevo.

Echar en una cazuela caliente los mejillones, el vino y la hoja de laurel. Tapar y cocer a fuego fuerte hasta que se abran. Desechar los que no se hayan abierto.

TRUCO

En Bélgica es un plato muy popular y lo acompañan de unas buenas patatas fritas.

MERLUZA A LA GALLEGA

INGREDIENTES

4 rodajas de merluza

600 g de patatas

1 cucharadita de pimentón

3 dientes de ajo

1 cebolla mediana

1 hoja de laurel

6 cucharadas aceite de oliva virgen

Sal y pimienta

ELABORACIÓN

Calentar agua en una cazuela; añadir las patatas cortadas en rodajas, la cebolla troceada en juliana, la sal y el laurel. Cocer 15 min a fuego suave hasta que todo esté blando.

Incorporar las rodajas de merluza salpimentadas y guisar otros 3 min. Escurrir las patatas y la merluza, y pasarlo todo a una cazuela de barro.

Rehogar en una sartén los ajos partidos en láminas o picados; cuando estén dorados, apartar del fuego. Añadir el pimentón, remover y verter esta salsa sobre el pescado. Servir rápidamente junto con un poco del agua de la cocción.

TRUCO

Es importante que la cantidad de agua sea solo la necesaria para cubrir las rodajas de pescado y las patatas.

MERLUZA A LA KOSKERA

INGREDIENTES

1 kg de merluza

100 g de guisantes cocidos

100 g de cebolla

100 g de almejas

100 g de gambas

1 dl de fumet

2 cucharadas de perejil

2 dientes de ajo

8 puntas de espárragos

2 huevos duros

Harina

Sal y pimienta

ELABORACIÓN

Cortar la merluza en rodajas o en lomos. Salpimentar y enharinar.

Pochar en una olla la cebolla y los ajos picados finos hasta que estén blandos. Subir el fuego, añadir el pescado y dorarlo ligeramente por ambos lados.

Mojar con el fumet y cocer 4 min, moviendo la olla constantemente para que espese la salsa. Incorporar las gambas peladas, los espárragos, las almejas limpias, los guisantes y los huevos partidos en cuartos. Cocinar 1 min más y espolvorear por encima el perejil picado.

TRUCO

Salar la merluza 20 min antes de la cocción para que la sal se reparta de manera más homogénea.

NAVAJAS AL AJILLO Y LIMÓN

INGREDIENTES

2 docenas de navajas

2 dientes de ajo

2 ramitas de perejil

1 limón

Aceite de oliva virgen extra

Sal

ELABORACIÓN

Poner las navajas en un bol con agua fría y sal la noche anterior para limpiarlas de posibles restos de arena.

Escurrir, colocarlas en una sartén, tapar y calentar a fuego medio hasta que se abran.

Mientras, picar los ajos, las ramitas de perejil y mezclar con el zumo del limón y el aceite de oliva. Aderezar con esta salsa las navajas.

TRUCO

Están deliciosas con una salsa holandesa o bearnesa (págs. 532 y 517).

PUDIN DE CABRACHO

INGREDIENTES

500 g de cabracho sin cabeza

125 ml de salsa de tomate

¼ l de nata

6 huevos

1 zanahoria

1 puerro

1 cebolla

Pan rallado

Aceite de oliva

Sal y pimienta

ELABORACIÓN

Cocer el cabracho durante 8 min junto con las verduras limpias y picadas. Salar.

Desmenuzar la carne del cabracho (sin piel ni espinas). Echarlo en un bol junto con los huevos, la nata y la salsa de tomate. Triturar y poner a punto de sal y pimienta.

Engrasar un molde y espolvorear con pan rallado. Rellenar con la masa anterior y cocinar al baño maría en el horno a 175 ºC durante 50 min o hasta que al pincharlo con una aguja, esta salga limpia. Servir frío o templado.

TRUCO

Se puede sustituir el cabracho por cualquier otro pescado

RAPE CON CREMA SUAVE DE AJOS

INGREDIENTES

4 colas de rape pequeñas

50 g de aceitunas negras

400 ml de nata

12 dientes de ajo

Sal y pimienta

ELABORACIÓN

Cocer los ajos desde agua fría. Cuando rompan a hervir, retirar y desechar el agua. Repetir la misma operación 3 veces.

Luego, cocer los ajos en la nata durante 30 min a fuego lento.

Deshidratar las aceitunas sin hueso en el microondas hasta que queden secas. Pasarlas por un mortero hasta obtener polvo de aceituna.

Salpimentar y cocinar el rape a fuego fuerte hasta que esté jugoso por fuera y dorado por dentro.

Salpimentar la salsa. Servir el rape con la salsa a un lado y con el polvo de aceitunas encima.

TRUCO

El sabor de esta salsa es suave y delicioso. Si queda muy líquida, darle algunos minutos más de cocción. Si, por el contrario, queda muy espesa, añadir un poco de nata líquida caliente y remover.

MERLUZA A LA SIDRA CON COMPOTA DE MANZANA A LA MENTA

INGREDIENTES

4 supremas de merluza

1 botella de sidra

4 cucharadas de azúcar

8 hojas de menta

4 manzanas

1 limón

Harina

Aceite de oliva

Sal y pimienta

ELABORACIÓN

Salpimentar la merluza, enharinar y dorar en un poco de aceite caliente. Retirar y poner en una bandeja de horno.

Pelar y cortar finamente las manzanas y añadirlas a la bandeja. Bañar con la sidra y hornear durante 15 min a 165 ºC.

Sacar las manzanas y la salsa. Triturar con el azúcar y las hojas de menta.

Servir el pescado acompañado de la compota.

TRUCO

Otra versión de la misma receta. Enharinar y dorar la merluza, y ponerla en una cazuela junto con las manzanas y la sidra. Cocinar a fuego lento 6 min. Retirar la merluza y dejar que reduzca la salsa. Luego, triturar junto con la menta y el azúcar.

SALMÓN MARINADO

INGREDIENTES

1 kg de lomo de salmón

500 g de azúcar

4 cucharadas de eneldo picado

500 g de sal gorda

Aceite de oliva

ELABORACIÓN

Mezclar en un bol la sal con el azúcar y el eneldo. Poner la mitad en la base de una bandeja. Incorporar el salmón y cubrir con la otra mitad de la mezcla.

Reservar en el frigorífico durante 12 h. Sacar y limpiar con agua fría. Filetear y cubrir de aceite.

TRUCO

Se puede aromatizar la sal con cualquier hierba o especia (jengibre, clavo, curry, etc.)

TRUCHA AL QUESO AZUL

INGREDIENTES

4 truchas

75 g de queso azul

75 g de mantequilla

40 cl de nata líquida

1 vaso pequeño de vino blanco

Harina

Aceite de oliva

Sal y pimienta

ELABORACIÓN

Calentar en una cazuela la mantequilla junto con un chorrito de aceite. Freír las truchas enharinadas y salpimentadas durante 5 min por cada lado. Reservar.

Echar en la grasa sobrante de la fritura el vino y el queso. Cocinar sin dejar de remover hasta que el vino casi desaparezca y el queso quede totalmente derretido.

Agregar la nata y cocer hasta obtener la textura deseada. Rectificar de sal y pimienta. Salsear por encima de las truchas.

TRUCO

Hacer una salsa agridulce de queso azul, sustituyendo la nata por zumo de naranja natural.

CRIADILLAS DE CORDERO EMPANADAS A LAS FINAS HIERBAS

INGREDIENTES

12 unidades de criadillas de cordero

1 cucharadita de romero fresco

1 cucharadita de tomillo fresco

1 cucharadita de perejil fresco

Harina, huevo y pan rallado (para rebozar)

Aceite de oliva

Sal y pimienta

ELABORACIÓN

Limpiar las criadillas retirando las dos membranas que las envuelven. Lavar bien con agua y un poco de vinagre, y luego escurrir y secar.

Cortar y salpimentar las criadillas. Mezclar un poco de pan rallado con las hierbas frescas muy picadas. Pasar por harina, huevo y pan rallado, y freír en abundante aceite caliente.

TRUCO

Se puede hacer un rebozado más divertido y creativo sustituyendo el pan rallado por galletas trituradas.

ESCALOPE A LA MILANESA

INGREDIENTES

4 filetes de ternera

150 g de pan rallado

100 g de queso parmesano

2 huevos

Harina

Aceite de oliva

Sal y pimienta

ELABORACIÓN

Salpimentar y enharinar los filetes Pasar por huevo batido y por una mezcla del pan y el parmesano rallados.

Apretar a conciencia para que se quede bien adherido el pan rallado y freír en abundante aceite caliente.

TRUCO

El acompañamiento perfecto de este plato son unos espaguetis con tomate.

ESTOFADO DE CARNE A LA JARDINERA

INGREDIENTES

1 kg de carne de morcillo

100 g de champiñones

1 vaso de vino tinto

3 cucharadas de tomate frito

1 rama de tomillo

1 rama de romero

1 hoja de laurel

2 zanahorias

1 cebolla

2 clavos de olor

1 lata pequeña de guisantes

Caldo de carne (o agua)

Aceite de oliva

Sal y pimienta

ELABORACIÓN

Trocear, salpimentar y dorar la carne a fuego fuerte. Sacar y reservar.

Pochar en ese mismo aceite la cebolla y las zanahorias cortadas en dados pequeños. Incorporar de nuevo la carne y regar con el vino tinto. Dejar que reduzca y agregar el tomate frito, la hoja de laurel, los clavos y las ramas de tomillo y romero.

Cubrir con caldo y guisar hasta que la carne esté tierna. Poco antes de que termine la cocción, añadir los guisantes y los champiñones salteados cortados en cuartos.

TRUCO

Añadir una ramita de canela durante la cocción da al estofado un toque sorprendente.

FLAMENQUINES

INGREDIENTES

8 filetes de jamón o de lomo de cerdo

8 lonchas de jamón serrano

8 lonchas de queso

Harina, huevo y pan rallado (para rebozar)

Aceite de oliva

Sal y pimienta

ELABORACIÓN

Salpimentar y espalmar los filetes. Rellenar con una loncha de jamón y otra de queso y enrollar sobre sí mismos.

Pasar por harina, huevo batido y pan rallado, y freír en abundante aceite caliente.

TRUCO

Para darle un toque más divertido se puede sustituir el pan rallado por cereales o kikos machacados.

FRICANDÓ DE TERNERA

INGREDIENTES

1 kg de filetes de ternera

300 g de setas

250 cl de caldo de ternera

125 cl de brandi

3 tomates

1 cebolla

1 ramillete de hierbas aromáticas (tomillo, romero, laurel...)

1 zanahoria

Harina

Aceite de oliva

Sal y pimienta

ELABORACIÓN

Salpimentar y enharinar la carne. Dorarla en un poco de aceite a fuego medio y retirar.

Sofreír la zanahoria y la cebolla cortadas en trocitos pequeños en el mismo aceite donde se han hecho los filetes. Cuando estén blandas, añadir los tomates rallados. Pochar bien hasta que el tomate haya perdido toda el agua.

Subir el fuego e incorporar las setas. Cocinar 2 min y luego mojar con el brandi. Dejar que se evapore e incorporar de nuevo los escalopines.

Cubrir de caldo y añadir las hierbas. Rectificar de sal y cocer 30 min a fuego suave o hasta que la carne esté tierna. Dejar reposar tapado durante otros 30 min.

TRUCO

Si no es temporada de setas, se puede usar las deshidratadas. El sabor es increíble.

GACHAS CON CHORIZO Y SALCHICHAS

INGREDIENTES

10 salchichas frescas

2 chorizos

4 cucharadas colmadas de harina de trigo duro

1 cucharada de pimentón

1 hígado de cerdo

1 cabeza de ajos

2 dl de aceite de oliva

Sal

ELABORACIÓN

Cortar el chorizo y las salchichas en trozos. Sofreír a fuego medio con el aceite. Retirar y reservar.

Dorar en el mismo aceite el hígado cortado en dados y la mitad de los ajos. Retirar y machacar en un mortero. Reservar.

Freír en el mismo aceite el resto de los ajos partidos en láminas, añadir el pimentón y un poco de harina.

Remover sin parar hasta que la harina deje de estar cruda. Incorporar 7 dl de agua y cocer sin dejar de remover. Añadir el majado del mortero, las salchichas y los chorizos. Rectificar de sal y remover.

TRUCO

Un buen acompañamiento son unos ajetes tiernos a la plancha.

LACÓN CON GRELOS

INGREDIENTES

1 ½ kg de lacón fresco

1 manojo grande de grelos

3 chorizos

2 patatas grandes

1 cebolla mediana

Pimentón (dulce o picante)

Aceite de oliva

Sal

ELABORACIÓN

Cocer el lacón aproximadamente durante 2 h con abundante agua con sal y la cebolla.

Cuando falten 30 min para finalizar la cocción, incorporar los chorizos y las patatas cacheladas gruesas (rasgadas, no cortadas).

Aparte, cocer los grelos desde agua hirviendo durante 10 min. Escurrir y reservar.

Emplatar el lacón, los chorizos, las patatas y los grelos, y espolvorear con pimentón dulce o picante.

TRUCO

Es conveniente cocer los grelos separados porque el agua de la cocción queda amarga.

HÍGADO DE TERNERA EN SALSA DE VINO TINTO

INGREDIENTES

750 g de filetes de hígado de ternera

100 g de harina

75 g de mantequilla

1 l de caldo de carne

400 ml de vino tinto

2 cebollas grandes

Aceite de oliva

Sal y pimienta

ELABORACIÓN

Cocer el vino hasta que reduzca su volumen a la mitad.

Mientras, poner en una cazuela 1 cucharada de mantequilla y otra de harina. Rehogar a fuego lento hasta que la harina se tueste ligeramente. Mojar con el vino y el caldo sin dejar de remover. Cocer 15 min, y rectificar de sal y pimienta.

Salpimentar y enharinar el hígado. Dorar en un poco de aceite por ambas caras. Retirar y reservar.

Sofreír en ese mismo aceite la cebolla picada finamente a fuego lento durante 25 min. Incorporar el hígado y la salsa. Calentar (no hervir) y servir caliente.

TRUCO

Se puede sustituir el vino tinto por uno blanco, por lambrusco, cava, uno dulce, etc.

LIEBRE ESTOFADA

INGREDIENTES

1 liebre

1 l de caldo de carne

½ l de vino tinto

1 ramita de romero

1 ramita de tomillo

4 dientes de ajo

2 tomates

1 cebolla grande

1 zanahoria

1 puerro

Aceite de oliva

Sal y pimienta

ELABORACIÓN

Trocear, salpimentar y dorar la liebre. Retirar y reservar.

Cortar los ajos, la cebolla, la zanahoria y el puerro en trozos pequeños y rehogarlos 20 min en el mismo aceite donde se ha hecho la liebre.

Incorporar los tomates rallados y cocinar hasta que pierdan toda su agua. Volver a meter la liebre.

Bañar con el vino y el caldo, añadir las hierbas aromáticas y guisar a fuego lento aproximadamente 1 h o hasta que la liebre esté tierna.

TRUCO

Se puede macerar durante 24 h la liebre cortada en trozos en el vino y el caldo junto con las hierbas y las verduras cortadas en trocitos pequeños. Al día siguiente escurrir la liebre, reservando los líquidos y las verduras, y cocinar siguiendo los pasos anteriores.

LOMO DE CERDO AL MELOCOTÓN

INGREDIENTES

1 kg de lomo de cerdo entero

1 vaso de caldo de carne

1 sobre de sopa de cebolla deshidratada

1 bote de melocotón en almíbar

Aceite de oliva

Sal y pimienta

ELABORACIÓN

Salpimentar la carne y dorarla en una sartén por todos los lados.

Añadir el melocotón sin el almíbar y el caldo. Cocer a fuego muy lento durante 1 h o hasta que el melocotón se haya casi caramelizado. En ese momento incorporar el sobre de sopa de cebolla y guisar 5 min más.

Retirar el lomo y triturar la salsa. Porcionar el lomo y salsear.

TRUCO

Se puede hacer lo mismo con piña en almíbar e incluso con solomillo de cerdo, pero reduciendo a la mitad el tiempo de cocción.

MAGRO ENTOMATADO

INGREDIENTES

1 kg de magro de cerdo

1 lata de tomate triturado de 800 g

1 ramita de tomillo fresco

1 cebolla grande

2 dientes de ajo

Brandi

Azúcar

Aceite de oliva

Sal y pimienta

ELABORACIÓN

Salpimentar y dorar el magro a fuego fuerte. Retirar la carne y reservar.

Pochar en ese mismo aceite la cebolla y los ajos cortadas en brunoise. Añadir de nuevo el magro y bañar con un chorrito de brandi.

Dejar que reduzca durante 2 min, incorporar la lata de tomate, la rama de tomillo y cocer a fuego lento hasta que el magro esté tierno.

Rectificar de sal y de azúcar, y cocer 5 min más.

TRUCO

También se pueden saltear unas buenas setas e incorpóraselas al guiso.

MANITAS DE CERDO ESTOFADAS

INGREDIENTES

4 manitas de cerdo

100 g de jamón serrano

1 vaso de vino blanco

1 cucharadita pequeña de harina

1 cucharada de pimentón

4 dientes de ajo

2 tomates

2 cebollas

1 hoja de laurel

1 zanahoria

1 cayena

Aceite de oliva

Sal y 10 granos de pimienta

ELABORACIÓN

Cocer las manitas desde agua fría 1 min justo desde el momento que empiecen a hervir. Cambiar de agua y repetir esta operación 3 veces. Luego, guisarlas con 1 cebolla, la zanahoria, 2 dientes de ajo, el laurel, los granos de pimienta y la sal durante 2 ½ h o hasta que la carne se despegue con facilidad del hueso. Reservar el caldo.

Picar fino la otra cebolla y el resto de los ajos. Rehogar unos 10 min junto con el jamón cortado en taquitos y la cayena. Incorporar la harina y el pimentón. Sofreír 10 s y agregar los tomates rallados. Cocinar hasta que pierda toda su agua. Bañar con el vino y guisar a fuego fuerte hasta que reduzca y quede la salsa casi seca. Remover. Mojar con 200 ml del caldo de la cocción de las manitas y seguir removiendo para que no se pegue. Cocer a fuego lento 10 min y rectificar de sal. Deshuesar las manitas, meterlas en la salsa y guisar 2 min más.

TRUCO

Las manitas se pueden rellenar de lo que se quiera. Solo hay que enrollarlas con film transparente y dejarlas enfriar. Luego solo hay que cortarlas en rodajas gruesas, enharinarlas, freírlas y cocinarlas en la salsa.

MIGAS

INGREDIENTES

1 hogaza de pan duro

200 g de chorizo

200 g de jamón

4 pimientos verdes italianos

1 cabeza de ajos

ELABORACIÓN

Cortar la hogaza en taquitos pequeños e hidratar con agua (no debe quedar empapado).

Freír en una sartén grande los ajos machacados sin pelar y reservar. Cortar el chorizo y el jamón y sofreírlos también en la misma sartén. Retirar y reservar.

Rehogar el pan en el mismo aceite donde se ha hecho el chorizo durante 30 min a fuego lento. Remover hasta que el pan quede desmigado pero no seco. Añadir el resto de los ingredientes y volver a remover para que se mezclen las migas con el chorizo y el jamón.

TRUCO

A las migas se les puede acompañar con sardinas, uvas, huevos fritos, etc.

LOMO DE CERDO RELLENO

INGREDIENTES

800 g de lomo de cerdo abierto

200 g de lonchas de jamón serrano

175 g de beicon en lonchas

90 g de frutos secos variados

75 g de manteca de cerdo

750 ml de caldo de carne

150 ml de vino blanco

1 cucharada colmada de maicena

4 huevos

Sal y pimienta

ELABORACIÓN

Salpimentar y pintar el lomo con huevo batido. Rellenar con las lonchas de jamón, de beicon, los frutos secos y 3 huevos cocidos partidos en cuartos.

Cerrar con una malla para carnes y untar con la manteca de cerdo. Dorar por todos los lados en una sartén caliente. Pasar a una bandeja de horno y asar a 180 ºC durante 30 min. Regar cada 5 min con caldo.

Dejar reposar la carne fuera de la bandeja 5 min.

Recuperar los jugos de la bandeja, añadir el vino y calentar todo de nuevo en una cazuela pequeña. Llevar a ebullición e incorporar la maicena diluida en un poco de agua fría. Rectificar de sal y pimienta.

Filetear el lomo y salsear.

TRUCO

El reposo en las carnes es fundamental, ya que favorece que no se pierdan los jugos y que los sabores se homogenicen.

TERNERA A LA CARBONARA

INGREDIENTES

8 filetes de ternera

500 g de cebollas

100 g de mantequilla

½ l de caldo de carne

1 botellín de cerveza

1 hoja de laurel

1 ramita de tomillo

1 ramita de romero

Harina

Aceite de oliva

Sal y pimienta

ELABORACIÓN

Salpimentar y enharinar los filetes. Dorarlos ligeramente por ambos lados en la mantequilla. Retirar y reservar.

Pochar en esa mantequilla las cebollas cortadas en juliana fina. Tapar la cazuela y cocinar a fuego lento durante 30 min.

Incorporar los filetes y la cerveza. Guisar a fuego medio hasta que la salsa quede casi seca.

Bañar con el caldo de carne y echar las hierbas. Cocinar a fuego lento hasta que la carne esté tierna. Rectificar de sal y dejar reposar 20 min fuera del fuego con la cazuela tapada.

TRUCO

Si la carne se cuece en exceso quedará dura y habrá que hacerla durante más tiempo hasta que se ablande de nuevo. Lo mejor es comprobar su dureza cada 5 o 10 min.

MOLLEJAS DE CORDERO CON BOLETUS

INGREDIENTES

500 g de mollejas de cordero

250 g de boletus

1 vasito de vino de Jerez

1 cebolleta

1 diente de ajo

Perejil

Aceite de oliva

Sal y pimienta

ELABORACIÓN

Refrescar las mollejas en abundante agua fría durante al menos 2 h, cambiando el agua 2 o 3 veces. Luego, cocerlas en una cazuela pequeña cubiertas de agua fría. Dejar 10 s desde el primer hervor, sacar y refrescar. Quitar toda la piel y la grasa, y filetear.

Pochar en una sartén caliente la cebolleta y el ajo partidos en trocitos. Subir el fuego e incorporar las mollejas salpimentadas. Rehogar 2 min y agregar los boletus limpios y fileteados. Cocinar 2 min y bañar con el vino. Dejar que reduzca a fuego lento unos 20 min.

TRUCO

El éxito de este plato está en la paciencia para limpiar las mollejas. De otro modo, amargarán y sabrán mal.

OSSOBUCO DE TERNERA A LA NARANJA

INGREDIENTES

8 ossobucos

1 l de caldo de carne

1 vasito de vino blanco

2 cucharadas soperas de vinagre de vino

1 cebolla

1 ramillete de hierbas aromáticas (tomillo, romero, laurel...)

2 zanahorias

2 clavos de olor

½ naranja rallada

Zumo de 2 naranjas

Zumo de ½ limón

1 cucharada de azúcar

Mantequilla

Aceite de oliva

Sal y pimienta

ELABORACIÓN

Juntar en un bol la cebolla cortada en juliana, las zanahorias partidas en trozos pequeños, los zumos, el clavo, las hierbas aromáticas y el vino blanco. Salpimentar los ossobucos y marinar 12 h en esta mezcla. Escurrir y reservar el líquido.

Secar la carne y dorarla a fuego muy fuerte en una cazuela.

Aparte, pochar las verduras del marinado en aceite y añadir los ossobucos. Guisar hasta que quede blanda. Incorporar el líquido reservado y cocer a fuego fuerte durante 5 min. Bañar con el caldo de carne. Tapar y cocer unas 3 h o hasta que el hueso se desprenda con facilidad.

Mientras, hacer un caramelo con el azúcar y el vinagre. Verterlo sobre la salsa. Agregar un poco de mantequilla y la ralladura de naranja. Hervir unos minutos con la carne.

TRUCO

Es importante que la olla donde se doren los ossobucos esté bien caliente para que la carne quede mucho más jugosa.

SALCHICHAS AL VINO

INGREDIENTES

20 salchichas frescas

2 cebollas en juliana

½ l de vino blanco

1 cucharada sopera de harina

2 hojas de laurel

Aceite de oliva

Sal y pimienta

ELABORACIÓN

Dorar las salchichas a fuego fuerte. Sacar y reservar.

Cortar en juliana las cebollas y sofreírlas a fuego lento durante 40 min en el mismo aceite de las salchichas. Echar la harina y rehogar 5 min. Añadir de nuevo las salchichas, bañar con el vino e incorporar las hojas de laurel.

Cocer 20 min hasta que se evapore todo el alcohol y rectificar de sal y pimienta.

TRUCO

Se puede hacer una versión estupenda añadiendo en vez de vino blanco, lambrusco.

PASTEL DE CARNE INGLÉS

INGREDIENTES

800 g de carne picada de ternera

800 g de patatas

2 vasos de vino tinto

1 vaso de caldo de pollo

4 yemas de huevo

4 dientes de ajo

2 tomates medianos maduros

2 cebollas

4 zanahorias

Queso parmesano

Tomillo

Orégano

Aceite de oliva

Sal y pimienta

ELABORACIÓN

Pelar, cortar y cocer las patatas. Reservar. Rallar los ajos, las cebollas y las zanahorias.

Salpimentar y dorar la carne. Luego, incorporar las verduras y dejar que se pochen bien. Agregar los tomates rallados y sofreír. Mojar con el vino y dejar que reduzca. Bañar con el caldo y esperar hasta que la salsa quede casi seca. Echar tomillo y orégano.

Pasar por un pasapurés las patatas, salpimentar y añadir parmesano rallado fino y 4 yemas de huevo.

Poner en un molde la carne bien prieta y colocar encima el puré y el parmesano rallado grueso. Hornear a 175 ºC durante 20 min.

TRUCO

Se puede acompañar con una buena salsa de tomate e incluso una de barbacoa.

TATAKI DE ATÚN MARINADO EN SOJA

INGREDIENTES

1 lomo de atún (o salmón)

1 vaso de soja

1 vaso de vinagre

2 cucharadas colmadas de azúcar

Ralladura de 1 naranja pequeña

Ajo

Sésamo tostado

Jengibre

ELABORACIÓN

Limpiar bien el atún y cortarlo en forma de lingote. Dorar en una sartén muy caliente ligeramente por todos los lados y refrescar inmediatamente en agua con hielo para cortar la cocción.

Mezclar en un bol la soja, el vinagre, el azúcar, la ralladura de naranja, jengibre y ajo. Introducir el pescado y dejar marinar durante al menos 3 h.

Rebozar en sésamo, cortar en pequeñas lonchas y servir.

TRUCO

Esta receta se tiene que preparar con pescado previamente congelado para evitar el anisakis.

PASTEL DE MERLUZA

INGREDIENTES

1 kg de merluza

1 l de nata

1 cebolla grande

1 vaso de brandi

8 huevos

Tomate frito

Aceite de oliva

Sal y pimienta

ELABORACIÓN

Cortar la cebolla en juliana y pocharla en una sartén. Cuando esté blanda, añadir la merluza. Cocinar hasta que esté hecha y desmenuzada.

A continuación, subir el fuego y mojar con el brandi. Dejar que reduzca e incorporar un poco de tomate.

Retirar del fuego y agregar los huevos y la nata. Triturar todo. Salpimentar al gusto y meterlo en un molde. Cocinar al baño maría en el horno a 165 ºC al menos durante 1 h o hasta que al pincharlo con una aguja, esta salga limpia.

TRUCO

Acompañar de salsa rosa o tártara. Se puede hacer con cualquier pescado blanco sin espinas.

PIMIENTOS RELLENOS DE BACALAO

INGREDIENTES

250 g de bacalao desalado

100 g de gambas

2 cucharadas de tomate frito

2 cucharadas mantequilla

2 cucharadas de harina

1 lata de pimientos del piquillo

2 dientes de ajo

1 cebolla

Brandi

Aceite de oliva

Sal y pimienta

ELABORACIÓN

Cubrir el bacalao con agua y cocer durante 5 min. Retirar y reservar el agua de la cocción.

Pochar la cebolla y los dientes de ajo cortados en trocitos pequeños. Pelar las gambas e incorporar las cáscaras a la sartén de la cebolla. Rehogar bien. Subir el fuego y añadir un chorrito de brandi y el tomate frito. Bañar con el agua de la cocción del bacalao y cocinar 25 min. Triturar y colar.

Saltear las gambas picadas y reservar.

Rehogar unos 5 min la harina en la mantequilla, incorporar el caldo colado y cocer 10 min más sin dejar de batir con unas varillas.

Agregar el bacalao desmigado y las gambas salteadas. Rectificar de sal y pimienta y dejar enfriar.

Rellenar los pimientos con la masa anterior y servir.

TRUCO

La salsa perfecta para estos pimientos es la vizcaína (ver apartado Caldos y Salsas).

RABAS

INGREDIENTES

1 kg de calamares enteros

150 g de harina de trigo

50 g de harina de garbanzos

Aceite de oliva

Sal

ELABORACIÓN

Limpiar bien los calamares, quitando la piel exterior y limpiando bien el interior. Cortarlos en tiras finas a lo largo, no a lo ancho. Salar.

Juntar la harina de trigo y la de garbanzos, y enharinar los calamares con la mezcla.

Calentar bien el aceite y freír las rabas poco a poco hasta que queden doradas. Servir inmediatamente.

TRUCO

Salar los calamares con 15 min de antelación y freírlos con el aceite muy caliente.

SOLDADITOS DE PAVÍA

INGREDIENTES

500 g de bacalao desalado

1 cucharada de orégano

1 cucharada de comino molido

1 cucharada de colorante

1 cucharada de pimentón

1 vaso de vinagre

2 dientes de ajo

1 hoja de laurel

Harina

Aceite caliente

Sal

ELABORACIÓN

Juntar en un bol el orégano, el comino, el pimentón, los ajos machacados, el vaso de vinagre y otro de agua, y sazonar con una pizca de sal. Introducir en la marinada el bacalao desalado cortado en tiras durante 24 h.

Mezclar colorante y harina. Enharinar las tiras de bacalao, escurrir y freír en abundante aceite caliente.

TRUCO

Servir inmediatamente para que el interior quede jugoso y el exterior, crujiente.

TORTILLITAS DE CAMARONES

INGREDIENTES

125 g de camarones crudos

75 g de harina de trigo

50 g de harina de garbanzos

5 hebras de azafrán (o colorante)

¼ de cebolleta

Perejil fresco

Aceite de oliva virgen extra

Sal

ELABORACIÓN

Tostar el azafrán en el horno unos segundos envuelto en papel de aluminio.

Mezclar en un bol las harinas, sal, el azafrán pulverizado, la cebolleta cortada fina, el perejil picado, 125 ml de agua muy fría y los camarones.

Freír cucharadas de la masa extendida en abundante aceite. Dejar hasta que estén bien doradas.

TRUCO

La masa debe quedar con una textura parecida a la de un yogur cuando se remueve con una cuchara.

TRUCHA A LA NAVARRA

INGREDIENTES

4 truchas

8 lonchas de jamón serrano

Harina

Aceite de oliva

Sal

ELABORACIÓN

Introducir en cada trucha limpia y eviscerada 2 lonchas de jamón serrano. Enharinar y sazonar con sal.

Freír en abundante aceite y retirar el exceso de grasa sobre papel absorbente.

TRUCO

La temperatura del aceite tiene que ser media-alta para evitar que se haga solo por fuera y el calor no llegue al centro del pescado.

TARTAR DE SALMÓN CON AGUACATE

INGREDIENTES

500 g de salmón sin espinas ni piel

6 alcaparras

4 tomates

3 pepinillos en vinagre

2 aguacates

1 cebolleta

Zumo de 2 limones

Tabasco

Aceite de oliva

Sal

ELABORACIÓN

Pelar y despepitar los tomates. Vaciar los aguacates. Picar todos los ingredientes lo más fino posible y mezclarlos en un bol.

Aliñar con el zumo de los limones, unas gotas de tabasco, aceite de oliva y sal.

TRUCO

Se puede hacer con salmón ahumado o con otros pescados similares como la trucha.

VIEIRAS A LA GALLEGA

INGREDIENTES

8 vieiras

125 g de cebollas

125 g de jamón serrano

80 g de pan rallado

1 cucharada de perejil fresco

½ cucharadita de pimentón dulce

1 huevo duro picado

ELABORACIÓN

Picar las cebollas finamente y pocharlas a temperatura baja durante 10 min. Incorporar el jamón partido en taquitos pequeños y seguir rehogando 2 min más. Agregar el pimentón y cocinar otros 10 s. Retirar y dejar que se enfríe.

Una vez frío, ponerlo en un bol y añadir el pan rallado, y el perejil y el huevo picados. Mezclar.

Rellenar las vieiras con la mezcla anterior, colocarlas en una placa y hornear a 170 ºc durante 15 min.

TRUCO

Para ganar tiempo, preparar con antelación y hornear el día que se necesiten. Se puede hacer también con zamburiñas e incluso con ostras.

POLLO EN SALSA CON CHAMPIÑONES

INGREDIENTES

1 pollo

350 g de champiñones

½ l de caldo de pollo

1 vaso de vino blanco

1 rama de tomillo

1 rama de romero

1 hoja de laurel

2 tomates

1 pimiento verde

1 diente de ajo

1 cebolla

1 cayena

Aceite de oliva

Sal y pimienta

ELABORACIÓN

Trocear, salpimentar y dorar a fuego vivo el pollo. Retirar y reservar. Pochar en ese mismo aceite a fuego lento durante 5 min la cebolla, la cayena, el pimiento y los ajos cortados en trozos muy pequeños. Subir el fuego e incorporar los tomates rallados. Guisar hasta que desaparezca toda el agua del tomate.

Echar el pollo de nuevo y bañar con el vino hasta que reduzca y quede la salsa casi seca. Mojar con el caldo y añadir las hierbas aromáticas. Cocinar durante 25 min aproximadamente o hasta que el pollo esté tierno.

Aparte, saltear en una sartén caliente con poco aceite los champiñones laminados y sazonados con sal durante 2 min. Incorporarlos al guiso de pollo y cocinar 2 min más. Rectificar de sal si fuera necesario.

TRUCO

El resultado es igual de bueno si se hace con níscalos.

ESCABECHE DE POLLO A LA SIDRA

INGREDIENTES

1 pollo

2 vasos de vinagre

4 vasos de sidra

2 dientes de ajo

2 zanahorias

1 hoja de laurel

1 puerro

2 vasos de aceite

Sal y pimienta en grano

ELABORACIÓN

Trocear, salpimentar y dorar el pollo en una olla. Sacar y reservar. Rehogar en ese mismo aceite las zanahorias y el puerro cortados en bastones, y los dientes de ajo partidos en láminas. Cuando la verdura esté blanda, incorporar los líquidos.

Añadir el laurel y la pimienta, rectificar de sal y cocer 5 min más. Incorporar el pollo y cocinar otros 12 min. Dejar reposar tapado fuera del fuego.

TRUCO

Se puede guardar en el frigorífico tapado durante varios días. El escabeche es una forma de conservar los alimentos.

ESTOFADO DE POLLO CON NÍSCALOS

INGREDIENTES

1 pollo grande

150 g de níscalos

1 copa de brandi

1 rama de tomillo

1 rama de romero

2 tomates rallados

2 dientes de ajo

1 pimiento verde

1 pimiento rojo

1 zanahoria

1 cebolla

Caldo de pollo

Harina

Aceite de oliva

Sal y pimienta

ELABORACIÓN

Salpimentar y enharinar el pollo cortado en trozos. Dorar a fuego fuerte con un poco de aceite, retirar y reservar.

En ese mismo aceite pochar durante 20 min a fuego lento la zanahoria, la cebolla, los ajos y los pimientos partidos en trozos pequeños.

Subir el fuego e incorporar los tomates rallados. Cocinar hasta que desaparezca casi toda el agua de los tomates. Agregar los níscalos limpios y troceados. Guisar 3 min a fuego fuerte, mojar con el brandi y dejar que reduzca.

Volver a meter el pollo y cubrir con el caldo. Echar las hierbas aromáticas y cocer otros 25 min.

TRUCO

En este plato se puede utilizar cualquier tipo de setas de temporada.

FILETE DE POLLO A LA MADRILEÑA

INGREDIENTES

8 filetes de pollo

3 dientes de ajo

2 cucharadas soperas de perejil fresco

1 cucharadita de comino molido

Harina, huevo y pan rallado (para rebozar)

Aceite de oliva

Sal y pimienta

ELABORACIÓN

Mezclar el perejil y los ajos finamente picados junto con pan rallado y el comino.

Salpimentar los filetes y pasarlos por harina, huevo batido y la mezcla anterior.

Apretar con las manos para que el empanado quede bien pegado. Freír en abundante aceite caliente hasta que estén dorados.

TRUCO

Se pueden gratinar con unas lonchas de mozzarella y tomate concassé (ver apartado Caldos y Salsas) por encima.

FRICANDÓ DE POLLO CON SETAS SHIITAKE

INGREDIENTES

1 kg de filetes de pollo

250 g de setas shiitake

250 ml de caldo de pollo

150 ml de brandi

2 tomates

1 zanahoria

1 diente de ajo

1 puerro

½ cebolleta

1 ramillete de hierbas aromáticas (tomillo, romero, laurel...)

1 cucharadita de pimentón

Harina

Aceite de oliva

Sal y pimienta

ELABORACIÓN

Salpimentar y enharinar los filetes de pollo cortados en cuartos. Dorar en un poco de aceite a fuego medio y retirar.

Pochar en el mismo aceite las verduras cortadas en trocitos pequeños, incorporar el pimentón y, por último, añadir los tomates rallados.

Rehogar bien hasta que el tomate pierda toda el agua, subir el fuego y agregar las setas. Pochar durante 2 min y a continuación mojar con el brandi. Dejar que se evapore todo el alcohol e introducir de nuevo el pollo.

Cubrir con caldo y añadir las hierbas aromáticas. Rectificar de sal y cocer 5 min más a fuego suave.

TRUCO

Dejar reposar tapado durante 5 min para que se unan mejor los sabores.

PERAS AL CHOCOLATE CON PIMIENTA

INGREDIENTES

150 g de chocolate

85 g de azúcar

½ l de leche

4 peras

1 rama de canela

10 granos de pimienta

ELABORACIÓN

Pelar las peras sin quitar el rabito. Cocerlas en la leche junto con el azúcar, la rama de canela y los granos de pimienta durante 20 min.

Sacar las peras, colar la leche e incorporar el chocolate. Dejar que reduzca sin parar de remover hasta que espese. Servir las peras acompañadas de la salsa de chocolate.

TRUCO

Una vez cocidas las peras, abrir a lo largo, descorazonar y rellenar de queso mascarpone con azúcar. Cerrar de nuevo y salsear. Deliciosas.

TARTA DE TRES CHOCOLATES CON GALLETA

INGREDIENTES

150 g de chocolate blanco

150 g de chocolate negro

150 g de chocolate con leche

450 ml de nata

450 ml de leche

4 cucharadas de mantequilla

1 paquete de galletas maría

3 sobres de cuajada

ELABORACIÓN

Triturar las galletas y derretir la mantequilla. Amasar las galletas con la mantequilla y hacer la base de la tarta en un molde desmoldable. Dejar que repose en el congelador durante 20 min.

Mientras, calentar en un recipiente 150 g de leche, 150 g de nata y 150 g de uno de los chocolates. En cuanto empiece a hervir, diluir 1 sobre de cuajada en un vaso con un poco de leche e incorporar a la mezcla del recipiente. Retirar en cuanto cueza de nuevo.

Poner el primer chocolate sobre la masa de galleta y reservar al congelador 20 min.

Volver a hacer lo mismo con otro chocolate y ponerlo encima de la primera capa. Y volver a repetir la operación con el tercer chocolate. Dejar cuajar en el congelador o en el frigorífico hasta el momento de servir.

TRUCO

Se pueden utilizar otros chocolates como, por ejemplo, de menta o de naranja.

MERENGUE SUIZO

INGREDIENTES

250 g de azúcar

4 claras de huevo

Una pizca de sal

Unas gotas de zumo de limón

ELABORACIÓN

Montar las claras con las varillas hasta que tengan una consistencia dura. Añadir el zumo de limón, una pizca de sal y el azúcar, poco a poco y sin dejar de batir.

Al terminar de echar el azúcar, batir aún 3 min más.

TRUCO

Cuando las claras montadas están duras se le denomina punto de pico o punto de nieve.

CREPES DE CREMA DE AVELLANAS CON PLÁTANO

INGREDIENTES

100 g de harina

25 g de mantequilla

25 g de azúcar

1 ½ dl de leche

8 cucharadas de crema de avellanas

2 cucharadas de ron

1 cucharada de azúcar glas

2 plátanos

1 huevo

½ sobre de levadura

ELABORACIÓN

Batir el huevo, la levadura, el ron, la harina, el azúcar y la leche. Dejar que repose en el frigorífico durante 30 min.

Calentar la mantequilla a fuego lento en una sartén antiadherente y echar una capa fina de la masa por toda la superficie. Dar la vuelta hasta que queden ligeramente doradas.

Pelar y cortar en rodajas los plátanos. Repartir 2 cucharadas de crema de avellanas y ½ plátano en cada crepe. Cerrar en forma de pañuelo y espolvorear con azúcar glas.

TRUCO

Las crepes se pueden hacer con antelación. Cuando se vayan a comer solo hay que calentarlos en una sartén con un poco de mantequilla por los dos lados.

TARTA DE LIMÓN CON BASE DE CHOCOLATE

INGREDIENTES

400 ml de leche

300 g de azúcar

250 g de harina

125 g de mantequilla

50 g de cacao

50 g de maicena

5 yemas

Zumo de 2 limones

ELABORACIÓN

Juntar la harina, la mantequilla, 100 g de azúcar y el cacao hasta conseguir una textura de arena. Luego, añadir agua hasta obtener una masa que no se pegue a las manos. Forrar un molde, verter esta crema y hornear a 170 ºC durante 20 minutos.

Por otra parte, calentar la leche. Mientras tanto, batir las yemas y el resto del azúcar hasta que blanqueen ligeramente. Luego, agregar la maicena y mezclar con la leche. Calentar sin dejar de remover hasta que espese. Añadir el zumo de los limones y seguir removiendo.

Montar la tarta rellenando la base con la crema. Dejar que repose en el frigorífico 3 h antes de servir.

TRUCO

Incorporar a la crema de limón unas hojitas de menta para dar a la tarta un toque de frescor perfecto.

TIRAMISÚ

INGREDIENTES

500 g de queso mascarpone

120 g de azúcar

1 paquete de bizcochos de soletilla

6 huevos

Amaretto (o ron tostado)

1 vaso grande con café de cafetera (azucarado al gusto)

Cacao en polvo

Sal

ELABORACIÓN

Separar claras y yemas. Montar las yemas y añadir la mitad del azúcar y el queso mascarpone. Batir con movimientos envolventes y reservar. Montar las claras a punto de pico (o nieve) con una pizca de sal. Cuando estén casi montadas, incorporar la otra mitad del azúcar y terminar de montar. Mezclar yemas y claras con suavidad y movimientos envolventes.

Mojar los bizcochos en el café y el licor por ambos lados (sin mojarlos mucho) y colocarlos en el fondo de un recipiente.

Poner encima de los bizcochos una capa de la crema de huevo y queso. Volver a mojar bizcochos de soletilla y montar encima de la masa. Terminar con la masa del queso y espolvorear con cacao en polvo.

TRUCO

Comer de un día para otro o mejor dos días después de la elaboración.

INTXAURSALSA (CREMA DE NUECES)

INGREDIENTES

125 g de nueces peladas

100 g de azúcar

1 l de leche

1 rama pequeña de canela

ELABORACIÓN

Hervir la leche con la canela e incorporar el azúcar y las nueces trituradas.

Cocer a fuego lento durante 2 h y dejar que se enfríe antes de servir.

TRUCO

Tiene que quedar con una consistencia como la del arroz con leche.

LECHE MERENGADA

INGREDIENTES

175 g de azúcar

1 l de leche

Piel de 1 limón

1 rama de canela

3 o 4 claras

Canela en polvo

ELABORACIÓN

Calentar a fuego lento la leche con la rama de canela y la piel del limón hasta que rompa a hervir. Añadir inmediatamente el azúcar y cocer 5 min más. Reservar y dejar que se enfríe en el frigorífico.

Cuando este frío, montar a punto de nieve las claras y unir a la leche con movimientos envolventes. Servir con canela en polvo.

TRUCO

Para obtener un granizado insuperable, reservar en el congelador e ir raspando cada hora con un tenedor hasta que esté completamente congelado.

LENGUAS DE GATO

INGREDIENTES

350 g de harina floja

250 g de mantequilla punto pomada

250 g de azúcar glas

5 claras de huevo

1 huevo

Esencia de vainilla

Sal

ELABORACIÓN

Añadir a un bol la mantequilla, el azúcar glas, una pizca de sal y un poco de esencia de vainilla. Batir bien y agregar el huevo. Seguir batiendo y agregar las claras de una en una sin dejar de batir. Echar la harina de golpe sin varillar mucho.

Reservar la crema en una manga con boquilla lisa y hacer tiras de unos 10 cm. Golpear la placa contra la mesa para que la masa se extienda y hornear a 200 ºC hasta que los extremos estén dorados.

TRUCO

Incorporar a la masa 1 cucharada de coco en polvo para hacer unas lenguas de gato diferentes.

MAGDALENAS DE NARANJA

INGREDIENTES

220 g de harina

200 g de azúcar

4 huevos

1 naranja pequeña

1 sobre levadura química

Canela en polvo

220 g de aceite de girasol

ELABORACIÓN

Juntar los huevos con el azúcar, la canela y la ralladura y el zumo de la naranja.

Añadir el aceite y mezclar. Agregar la harina y la levadura tamizadas. Dejar que repose esta mezcla 15 min y verter en moldes de magdalenas.

Precalentar el horno a 200 ºC y hornear durante 15 min hasta que estén hechas.

TRUCO

Se puede incorporar a la masa perlitas de chocolate.

MANZANAS ASADAS AL OPORTO

INGREDIENTES

80 g de mantequilla (en 4 trozos)

8 cucharadas de oporto

4 cucharadas de azúcar

4 manzanas reinetas

ELABORACIÓN

Descorazonar las manzanas. Rellenar con el azúcar y poner la mantequilla por encima.

Hornear durante 30 min a 175 ºC. Pasado ese tiempo, rociar cada manzana con 2 cucharadas de oporto y hornear otros 15 min más.

TRUCO

Servir tibias con una bolita de helado de vainilla y salsear con el jugo que soltaron.

MERENGUE COCIDO

INGREDIENTES

400 g de azúcar granillo

100 g de azúcar glas

¼ l de claras de huevo

Gotas de zumo de limón

ELABORACIÓN

Batir las claras con el zumo de limón y el azúcar al baño maría hasta que estén bien montadas. Retirar del fuego y seguir batiendo (a medida que pierda temperatura, el merengue se hará más denso).

Añadir el azúcar glas y continuar batiendo hasta que el merengue esté totalmente frío.

TRUCO

Se puede utilizar para cubrir tartas y hacer decoraciones. No sobrepasar los 60 ºC para que la clara no se cuaje.

NATILLAS

INGREDIENTES

170 g de azúcar

1 l de leche

1 cucharada sopera de maicea

8 yemas de huevo

Piel de 1 limón

Canela

ELABORACIÓN

Hervir la leche con la piel del limón y la mitad del azúcar. Tapar en cuanto hierva y dejar que repose fuera del fuego.

Aparte, batir en un bol las yemas con el resto del azúcar y la maicena. Incorporar una cuarta parte de la leche hervida y seguir removiendo.

Agregar la mezcla de la yema al resto de la leche y cocer sin parar de remover.

En el primer hervor, batir con unas varillas durante 15 s. Retirar del fuego y seguir batiendo 30 s más. Colar y dejar que repose en frío. Espolvorear con canela.

TRUCO

Para hacer natillas de sabores —chocolate, galletas trituradas, café, coco rallado, etc.— solo es necesario incorporar el sabor deseado fuera del fuego y en caliente.

PANNA COTTA DE CARAMELOS VIOLETA

INGREDIENTES

150 g de azúcar

100 g de caramelos violeta

½ l de nata

½ l de leche

9 hojas de gelatina

ELABORACIÓN

Hidratar desde agua fría las hojas de gelatina.

Calentar en un cazo la nata, la leche, el azúcar y los caramelos hasta que estos se derritan.

Ya fuera del fuego, añadir la gelatina y remover hasta que se disuelva por completo.

Verter en moldes y reservar en el frigorífico al menos durante 5 h.

TRUCO

Se puede variar esta receta incorporando caramelos de café, de toffee, etc.

GALLETAS DE CÍTRICOS

INGREDIENTES

220 g de mantequilla pomada

170 g de harina

55 g de azúcar glas

35 g de almidón de maíz

5 g de ralladura de naranja

5 g de ralladura de limón

2 cucharadas de zumo de naranja

1 cucharada de zumo de limón

1 clara de huevo

Esencia de vainilla

ELABORACIÓN

Mezclar muy despacio la mantequilla, la clara de huevo, el zumo de naranja, el de limón, las ralladuras de los cítricos y una pizca de esencia de vainilla. Remover y añadir la harina y el almidón de maíz tamizados.

Meter la masa en una manga con boquilla rizada y dibujar sobre papel sulfurizado aros de 7 cm. Hornear durante 15 min a 175 ºC.

Espolvorear sobre las galletas azúcar glas.

TRUCO

Agregar a la masa clavo molido y jengibre. El resultado es excelente.

PASTAS DE MANGA

INGREDIENTES

550 g de harina floja

400 g de mantequilla pomada

200 g de azúcar glas

125 g de leche

2 huevos

Esencia de vainilla

Sal

ELABORACIÓN

Varillar la harina, el azúcar, una pizca de sal y otra de esencia de vainilla. Añadir de uno en uno los huevos no muy fríos. Bañar con la leche ligeramente tibia e incorporar la harina tamizada.

Meter la masa en una manga con boquilla rizada y echar un poco sobre papel sulfurizado. Hornear a 180 ºC durante 10 min.

TRUCO

Se puede añadir almendra granillo por fuera, bañarlas en chocolate o pegarles guindas.

BIZCOCHO DE YOGUR

INGREDIENTES

375 g de harina

250 g de yogur natural

250 g de azúcar

1 sobre de levadura química

5 huevos

1 naranja pequeña

1 limón

125 g de aceite de girasol

ELABORACIÓN

Batir con la batidora los huevos y el azúcar durante 5 min. Mezclar con los yogures, el aceite, las ralladuras y los zumos de los cítricos.

Tamizar la harina y la levadura y mezclarla con los yogures.

Engrasar y enharinar un molde. Echar la masa y hornear a 165 ºC aproximadamente 35 min.

TRUCO

Utilizar yogures de sabores para hacer bizcochos diferentes.

COMPOTA DE PLÁTANO AL ROMERO

INGREDIENTES

30 g de mantequilla

1 ramita de romero

2 plátanos

ELABORACIÓN

Pelar y trocear en rodajas los plátanos.

Meterlos en una olla, tapar y cocer a fuego muy lento junto con la mantequilla y el romero hasta que el plátano quede como una compota.

TRUCO

Esta compota sirve de acompañamiento tanto para unas chuletas de cerdo como para un bizcocho de chocolate. Se puede añadir 1 cucharada de azúcar durante la cocción para que quede más dulce.

CRÈME BRÛLÉE

INGREDIENTES

100 g de azúcar moreno

100 g de azúcar blanco

400 cl de nata

300 cl de leche

6 yemas de huevo

1 vaina de vainilla

ELABORACIÓN

Abrir la vaina de vainilla y extraer los granos.

Batir en un bol la leche con el azúcar blanco, las yemas, la nata y los granos de vainilla. Rellenar moldes individuales con esta mezcla.

Precalentar el horno a 100 ºC y hornear al baño maría durante 90 min. Una vez frío, espolvorear con azúcar moreno y quemar con soplete (o precalentar el horno al máximo en modo grill y hornear hasta que se queme ligeramente el azúcar).

TRUCO

Incorporar a la nata o a la leche 1 cucharada de cacao soluble para conseguir una deliciosa crème brûlée de cacao.

BRAZO DE GITANO RELLENO DE NATA

INGREDIENTES

250 g de chocolate

125 g de azúcar

½ l de nata

Bizcocho de soletilla (ver apartado Postres)

ELABORACIÓN

Hacer un bizcocho de soletilla. Rellenar con la nata montada y enrollar sobre sí mismo.

Lleva a ebullición en una cazuela el azúcar junto con 125 g de agua. Echar el chocolate, derretirlo durante 3 min sin dejar de remover y cubrir con él el brazo de gitano. Dejar que repose antes de servir.

TRUCO

Para disfrutar de un postre aún más completo y delicioso, añadir a la nata frutas en almíbar cortadas en trocitos.

FLAN DE HUEVO

INGREDIENTES

200 g de azúcar

1 l de leche

8 huevos

ELABORACIÓN

Hacer a fuego lento y sin remover un caramelo con el azúcar. Cuando adquiera color tostado, retirar del fuego. Repartir en flaneras individuales o en cualquier molde.

Batir la leche y los huevos evitando la aparición de espuma. Si apareciera antes de ponerlo en los moldes, retirarla por completo.

Verter sobre el caramelo y hornear al baño maría a 165 ºC durante 45 min aproximadamente o hasta que al pincharlo con una aguja, esta salga limpia.

TRUCO

Esta misma receta sirve para hacer un delicioso pudin. Solo hay que añadir a la mezcla sobrantes de cruasanes, magdalenas, bizcochos... del día anterior.

GELATINA DE CAVA CON FRESAS

INGREDIENTES

500 g de azúcar

150 g de fresas

1 botella de cava

½ paquete de hojas de gelatina

ELABORACIÓN

Calentar en una olla el cava y el azúcar. Incorporar fuera del fuego la gelatina previamente hidratada en agua fría.

Servir en copas de Martini junto con las fresas y reservar en el frigorífico hasta que cuaje.

TRUCO

Se puede hacer también con cualquier vino dulce y con frutos rojos.

BUÑUELOS DE VIENTO

INGREDIENTES

150 g de harina

30 g de mantequilla

250 ml de leche

4 huevos

1 limón

ELABORACIÓN

Llevar a ebullición la leche y la mantequilla junto con la piel del limón. Cuando hierva, retirar la piel y echar de golpe la harina. Apagar el fuego y remover durante 30 s.

Volver a ponerlo al fuego y mover otro minuto más hasta que la masa no se pegue a las paredes del recipiente.

Verter la masa en un bol y echar de uno a uno los huevos (no añadir el siguiente hasta que el anterior no esté bien mezclado con la masa).

Con ayuda de una manga pastelera o con 2 cucharas, freír los buñuelos en pequeñas porciones

TRUCO

Se puede rellenar de crema, nata, chocolate, etc.

COCA DE SAN JUAN

INGREDIENTES

350 g de harina

100 g de mantequilla

40 g de piñones

250 ml de leche

1 sobre de levadura en polvo

Ralladura de 1 limón

3 huevos

Azúcar

Sal

ELABORACIÓN

Tamizar la harina y la levadura. Mezclar y hacer un volcán. Echar en el centro la ralladura, 110 g de azúcar, la mantequilla, la leche, los huevos y una pizca de sal. Amasar bien hasta que la masa no se pegue en las manos.

Estirar con un rodillo hasta que quede rectangular y fina. Colocar en una placa sobre papel sulfurizado y dejar fermentar durante 30 min.

Pintar la coca con huevo, espolvorear los piñones y 1 cucharada de azúcar. Hornear a 200 ºC aproximadamente 25 min.

SALSA BOLOÑESA

INGREDIENTES

600 g de tomate triturado

500 g de carne picada de ternera

1 vaso vino tinto

3 zanahorias

2 ramas de apio (opcional)

2 dientes de ajo

1 cebolla

Orégano

Azúcar

Aceite de oliva

Sal y pimienta

ELABORACIÓN

Picar finamente la cebolla, los ajos, las ramas de apio y las zanahorias. Rehogar y cuando la verdura esté blanda, incorporar la carne.

Salpimentar y bañar con el vino cuando desaparezca el color rosado de la carne. Dejar que reduzca durante 3 min a fuego fuerte.

Incorporar el tomate triturado y cocer a fuego lento 1 h. Al finalizar, rectificar de sal y azúcar, y añadir orégano al gusto.

TRUCO

Siempre se asocia la boloñesa con la pasta, pero con arroz pilaf está deliciosa.

CALDO BLANCO (DE POLLO O DE TERNERA)

INGREDIENTES

1 kg de huesos de ternera o pollo

1 dl de vino blanco

1 rama de apio

1 rama de tomillo

2 clavos de olor

1 hoja de laurel

1 puerro limpio

1 zanahoria limpia

½ cebolla

15 granos de pimienta negra

ELABORACIÓN

Poner todos los ingredientes en una olla. Cubrir de agua y cocinar a fuego medio. Cuando empiece a hervir, desespumar. Cocer durante 4 h.

Colar por un chino y cambiar a otro recipiente. Reservar rápidamente en el frigorífico.

TRUCO

No salar hasta su utilización, ya que es más fácil que se estropee. Se usa como caldo base para hacer salsas, sopas, arroces, estofados, etc.

TOMATE CONCASSÉ

INGREDIENTES

1 kg de tomates

120 g de cebollas

2 dientes de ajo

1 rama de romero

1 rama de tomillo

Azúcar

1 dl de aceite de oliva

Sal

ELABORACIÓN

Picar las cebollas y los ajos en trozos pequeños. Rehogar lentamente durante 10 min en una sartén.

Cortar los tomates y añadirlos a la sartén junto con las hierbas. Cocinar hasta que los tomates pierdan toda su agua.

Poner a punto de sal y rectificar de azúcar si fuera necesario.

TRUCO

Se puede preparar con antelación y reservar en un recipiente hermético en el frigorífico.

SALSA ROBERT

INGREDIENTES

200 g de cebolleta

100 g de mantequilla

½ l de caldo de carne

¼ l de vino blanco

1 cucharada de harina

1 cucharada de mostaza

Sal y pimienta

ELABORACIÓN

Pochar en la mantequilla la cebolleta cortada en trocitos pequeños. Añadir la harina y rehogar lentamente durante 5 min.

Subir el fuego, verter el vino y dejar que reduzca a la mitad sin parar de remover.

Agregar el caldo y cocer 5 min más. Ya fuera del fuego, incorporar la mostaza y salpimentar.

TRUCO

Ideal para acompañar carnes de cerdo.

SALSA ROSA

INGREDIENTES

250 g de salsa mahonesa (ver apartado Caldos y Salsas)

2 cucharadas de kétchup

2 cucharadas de brandi

Zumo de ½ naranja

Tabasco

Sal y pimienta

ELABORACIÓN

Mezclar la mahonesa, el kétchup, el brandi, el zumo, una pizca de tabasco, sal y pimienta. Batir bien hasta obtener una salsa homogénea.

TRUCO

Para que la salsa quede más suave, añadir ½ cucharada de mostaza y 2 cucharadas de nata líquida.

FUMET DE PESCADO

INGREDIENTES

500 g de espinas o cabezas de pescado blanco

1 dl de vino blanco

1 rama de perejil

1 puerro

½ cebolla pequeña

5 granos de pimienta

ELABORACIÓN

Poner todos los ingredientes en una olla y cubrir con 1 l de agua fría. Hervir a fuego medio durante 20 min sin dejar de desespumar.

Colar, cambiar a otro recipiente y reservar rápidamente en el frigorífico.

TRUCO

No salar hasta su utilización, ya que es más fácil que se estropee. Es la base de salsas, arroces, sopas, etc.

SALSA ALEMANA

INGREDIENTES

35 g de mantequilla

35 g de harina

2 yemas de huevo

½ l de caldo (de pescado, de carne, de ave, etc.)

Sal

ELABORACIÓN

Rehogar la harina en la mantequilla a fuego lento durante 5 min. Añadir de golpe el caldo y cocer a fuego medio 15 min más sin dejar de batir. Rectificar de sal.

Fuera del fuego y sin dejar de batir, agregar las yemas.

TRUCO

No calentar demasiado para que las yemas no se cuajen.

SALSA BRAVA

INGREDIENTES

750 g de tomate frito

1 vaso pequeño de vino blanco

3 cucharadas soperas de vinagre

10 almendras crudas

10 guindillas

5 rebanadas de pan

3 dientes de ajo

1 cebolla

Azúcar

Aceite de oliva

Sal

ELABORACIÓN

Dorar en una sartén los ajos enteros. Retirar y reservar. Rehogar en el mismo aceite las almendras. Retirar y reservar. Sofreír el pan en la misma sartén. Retirar y reservar.

Rehogar en ese mismo aceite la cebolla cortada en juliana junto con las guindillas. Cuando esté pochada, mojar con el vinagre y el vasito de vino. Dejar que reduzca durante 3 min a fuego fuerte.

Incorporar el tomate, los ajos, las almendras y el pan. Cocer 5 min, triturar y, si fuera necesario, rectificar de sal y azúcar.

TRUCO

Se puede congelar en cubiteras individuales y utilizar solo la cantidad necesaria.

CALDO OSCURO (DE POLLO O DE TERNERA)

INGREDIENTES

5 kg de huesos de ternera o de pollo

500 g de tomates

250 g de zanahorias

250 g de puerros

125 g de cebollas

½ l de vino tinto

5 l de agua fría

1 rama de pio

3 hojas de laurel

2 ramas de tomillo

2 ramas de romero

15 granos de pimienta

ELABORACIÓN

Hornear los huesos a 185 ºC hasta que estén ligeramente tostados. Añadir las verduras limpias y cortadas en trozos medianos en la misma bandeja. Dejar que las verduras se doren.

Poner los huesos y las verduras en una olla grande. Añadir el vino y las hierbas, e incorporar el agua. Cocer durante 6 h a fuego lento, desespumando de vez en cuando. Colar y dejar que se enfríe.

TRUCO

Es la base para multitud de salsas, guisos, arroces, sopas, etc. Una vez frío el caldo, la grasa se queda solidificada encima. Así es más fácil poder quitarla.

MOJO PICÓN

INGREDIENTES

8 cucharadas de vinagre

2 cucharaditas de comino en grano

2 cucharaditas de pimentón dulce

2 cabezas de ajos

3 cayenas

30 cucharadas de aceite

Sal gorda

ELABORACIÓN

Majar en un mortero todos los ingredientes sólidos, excepto el pimentón, hasta obtener una pasta.

Añadir el pimentón y seguir majando. Agregar poco a poco los líquidos hasta conseguir una salsa homogénea y emulsionada.

TRUCO

Ideal para acompañar las famosas patatas arrugás y también para pescados a la plancha.

SALSA PESTO

INGREDIENTES

100 g de piñones

100 g de parmesano

1 manojo de albahaca fresca

1 diente de ajo

Aceite de oliva suave

ELABORACIÓN

Triturar todos los ingredientes sin que quede muy homogéneo para notar el crujiente de los piñones.

TRUCO

Se pueden sustituir los piñones por nueces, y la albahaca por rúcula fresca. Originalmente se realiza a mortero.

SALSA AGRIDULCE

INGREDIENTES

100 g de azúcar

100 ml de vinagre

50 ml de salsa de soja

Ralladura de 1 limón

Ralladura de 1 naranja

ELABORACIÓN

Cocer el azúcar, el vinagre, la salsa de soja y las ralladuras de los cítricos durante 10 min. Dejar enfriar antes de usar.

TRUCO

Es el acompañamiento perfecto de los rollitos de primavera.

MOJO VERDE

INGREDIENTES

8 cucharadas de vinagre

2 cucharaditas de comino en grano

4 bolitas de pimienta verde

2 cabezas de ajos

1 manojo de perejil o cilantro

30 cucharadas de aceite

Sal gorda

ELABORACIÓN

Majar todo los sólidos hasta obtener una pasta.

Añadir poco a poco los líquidos hasta conseguir una salsa homogénea y emulsionada.

TRUCO

Se puede conservar sin ningún problema tapado con papel de film, refrigerado en la nevera un par de días.

SALSA BESAMEL

INGREDIENTES

85 g de mantequilla

85 g de harina

1 l de leche

Nuez moscada

Sal y pimienta

ELABORACIÓN

Derretir la mantequilla en una cazuela, añadir la harina y cocinar a fuego lento durante 10 min sin dejar de remover.

Incorporar la leche de golpe y cocer 20 min más. Seguir removiendo. Rectificar de sal, pimienta y nuez moscada.

TRUCO

Para evitar los grumos, cocinar la harina con la mantequilla a fuego lento y sin dejar de batir hasta que esa mezcla se convierta en una mezcla casi líquida.

SALSA CAZADORA

INGREDIENTES

200 g de champiñones

200 g de salsa de tomate

125 g de mantequilla

½ l de caldo de carne

¼ l de vino blanco

1 cucharada de harina

1 cebolleta

Sal y pimienta

ELABORACIÓN

Rehogar a fuego medio la cebolleta finamente picada en la mantequilla durante 5 min.

Incorporar los champiñones limpios y cortados en cuartos y subir el fuego. Guisar 5 min más hasta que pierdan el agua. Agregar la harina y cocinar otros 5 min sin dejar de remover.

Mojar con el vino y dejar que reduzca. Añadir la salsa de tomate y el caldo de carne. Cocinar 5 min más.

TRUCO

Reservar en el frigorífico y extender una ligera película de mantequilla por encima para que no se forme una costra en la superficie.

SALSA ALIOLI

INGREDIENTES

6 dientes de ajo

Vinagre

½ l de aceite de oliva suave

Sal

ELABORACIÓN

Majar en un mortero los ajos con sal hasta obtener una pasta.

Agregar poco a poco el aceite sin dejar de remover con el brazo del mortero hasta conseguir una salsa espesa. Añadir a la salsa un chorrito de vinagre.

TRUCO

Si se agrega 1 yema de huevo durante el majado del ajo, resulta más fácil hacer la salsa.

SALSA AMERICANA

INGREDIENTES

150 g de cangrejos de río

250 g de carcasas y cabezas de gambas y langostinos

250 g de tomates maduros

250 g de cebolla

100 g de mantequilla

50 g de zanahoria

50 g de puerro

½ l de fumet de pescado

1 dl de vino blanco

½ dl de brandi

1 cucharada de harina

1 cucharadita rasa de pimentón picante

1 rama de tomillo

Sal

ELABORACIÓN

Pochar las verduras, excepto los tomates, cortadas en trozos pequeños en la mantequilla. Seguidamente rehogar el pimentón y la harina.

Saltear los cangrejos y las cabezas del resto del marisco y flambear con el brandi. Reservar las colas de los cangrejos y triturar las carcasas con el fumet. Colar 2 o 3 veces hasta que no quede ningún resto de carcasa.

Incorporar a las verduras el fumet, el vino, los tomates cortados en cuartos y el tomillo. Cocer durante 40 min, triturar y rectificar de sal.

TRUCO

Salsa perfecta para pimientos rellenos, rape o pastel de pescado.

SALSA AURORA

INGREDIENTES

45 g de mantequilla

½ l de salsa velouté (ver apartado Caldos y Salsas)

3 cucharadas de salsa de tomate

ELABORACIÓN

Hervir la salsa velouté, añadir las cucharadas de tomate y batir con unas varillas.

Retirar del fuego, agregar la mantequilla y seguir mezclando hasta que quede bien homogeneizado.

TRUCO

Utilizar esta salsa para acompañar unos huevos rellenos.

SALSA BARBACOA

INGREDIENTES

1 lata de Coca-Cola

1 taza de salsa de tomate

1 taza de kétchup

½ taza de vinagre

1 cucharadita de orégano

1 cucharadita de tomillo

1 cucharadita de comino

1 diente de ajo

1 cayena picada

½ cebolla

Aceite de oliva

Sal y pimienta

ELABORACIÓN

Cortar en trocitos pequeños la cebolla y el ajo, y pochar en un poco de aceite. Cuando esté blando añadir el tomate, el kétchup y el vinagre.

Cocer durante 3 min. Agregar la cayena y las especias. Remover, verter la Coca-Cola y cocinar hasta que quede una textura espesa.

TRUCO

Es una salsa perfecta para unas alitas de pollo. Se puede congelar en cubiteras individuales y utilizar solo la cantidad necesaria.

SALSA BEARNESA

INGREDIENTES

250 g de mantequilla clarificada

1 dl de vinagre de estragón

1 dl de vino blanco

3 yemas de huevo

1 chalota (o ½ cebolleta pequeña)

Estragón

Sal y pimienta

ELABORACIÓN

Calentar en un cazo la chalota cortada en trozos pequeños junto con el vinagre y el vino. Dejar que reduzca hasta que se obtenga aproximadamente 1 cucharada sopera.

Montar las yemas salpimentadas al baño maría. Añadir la reducción del vino y del vinagre más 2 cucharadas soperas de agua fría hasta que duplique su volumen.

Incorporar poco a poco la mantequilla derretida a las yemas sin dejar de batir. Echar un poco de estragón picado y mantener al baño maría a no más de 50 ºC.

TRUCO

Es importante mantener esta salsa al baño maría a fuego suave para que no se corte.

SALSA CARBONARA

INGREDIENTES

200 g de beicon

200 g de nata

150 g de parmesano

1 cebolla mediana

3 yemas de huevo

Sal y pimienta

ELABORACIÓN

Sofreír la cebolla cortada en dados pequeños. Cuando esté rehogada, añadir el beicon partido en tiras finas y dejar en el fuego hasta que se dore.

Luego, verter la nata, salpimentar y cocer lentamente durante 20 min.

Ya fuera del fuego, incorporar el queso rallado, las yemas y remover.

TRUCO

Si sobra para otra ocasión, cuando se caliente hacerlo a fuego lento y no demasiado tiempo para que el huevo no se cuaje.

SALSA CHARCUTERA

INGREDIENTES

200 g de cebolleta

100 g de pepinillos

100 g de mantequilla

½ l de caldo de carne

125 cl de vino blanco

125 cl de vinagre

1 cucharada de mostaza

1 cucharada de harina

Sal y pimienta

ELABORACIÓN

Sofreír en la mantequilla la cebolleta cortada en trocitos. Añadir la harina y rehogar lentamente durante 5 min.

Subir el fuego y verter el vino, el vinagre y dejar que reduzca a la mitad sin dejar de remover.

Agregar el caldo, los pepinillos partidos en juliana, y cocer 5 min más. Retirar del fuego e incorporar la mostaza. Salpimentar.

TRUCO

Esta salsa es ideal para carnes grasas.

SALSA CUMBERLAND

INGREDIENTES

150 g de mermelada de grosella

½ dl de oporto

1 vaso de caldo oscuro de carne (ver apartado Caldos y Salsas)

1 cucharadita de jengibre en polvo

1 cucharada de mostaza

1 chalota

½ piel de naranja

½ piel de limón

Zumo de ½ naranja

Zumo de ½ limón

Sal y pimienta

ELABORACIÓN

Cortar en juliana fina las pieles de la naranja y del limón. Cocer desde agua fría y hervir durante 10 s. Repetir la operación 2 veces. Escurrir y refrescar.

Cortar la chalota finamente y cocer 1 min sin dejar de remover con la mermelada de grosella, el oporto, el caldo, las pieles y los zumos de los cítricos, la mostaza, el jengibre, sal y pimienta. Dejar enfriar.

TRUCO

Es una salsa perfecta para acompañar patés o platos de caza.

SALSA CURRY

INGREDIENTES

200 g de cebolla

2 cucharadas de harina

2 cucharadas de curry

3 dientes de ajo

2 tomates grandes

1 rama de tomillo

1 hoja de laurel

1 bote de leche de coco

1 manzana

1 plátano

Aceite de oliva

Sal

ELABORACIÓN

Sofreír los ajos y la cebolla cortada en trozos pequeños en aceite. Añadir el curry y pochar 3 min. Agregar la harina y rehogar 5 min más sin dejar de remover.

Incorporar los tomates partidos en cuartos, las hierbas y la leche de coco. Cocinar 30 min a fuego lento. Echar la manzana y el plátano pelados y en trocitos, y cocer otros 5 min. Triturar, colar y rectificar de sal.

TRUCO

Para hacer esta salsa menos calórica, reducir a la mitad la leche de coco y sustituir por caldo de pollo.

SALSA DE AJO

INGREDIENTES

250 ml de nata

10 dientes de ajo

Sal y pimienta

ELABORACIÓN

Blanquear 3 veces los ajos desde agua fría. Llevar a ebullición, escurrir y volver a llevar a ebullición desde agua fría. Repetir esta operación 3 veces.

Una vez blanqueados, cocer durante 25 min junto con la nata. Finalmente, salpimentar y triturar.

TRUCO

No todas las natas son iguales. Si queda demasiado espeso, añadir un poco de nata y cocer 5 min más. Si por el contrario queda muy líquida, cocer durante más tiempo. Es perfecta para pescados.

SALSA DE MORAS

INGREDIENTES

200 g de moras

25 g de azúcar

250 ml de salsa española (ver apartado Caldos y Salsas)

100 ml de vino dulce

2 cucharadas de vinagre

1 cucharada de mantequilla

Sal y pimienta

ELABORACIÓN

Hacer un caramelo con el azúcar a fuego lento. Añadir el vinagre, el vino, las moras y cocer 15 min.

Verter la salsa española. Salpimentar, triturar, colar y dar un hervor junto con la mantequilla.

TRUCO

Es una salsa perfecta para carnes de caza.

SALSA DE SIDRA

INGREDIENTES

250 ml de nata

1 botella de sidra

1 calabacín

1 zanahoria

1 puerro

Sal

ELABORACIÓN

Cortar las hortalizas en bastones y saltearlas 3 min a fuego fuerte. Verter la sidra y dejar que reduzca durante 5 min.

Incorporar la nata, sal y cocinar otros 15 min más.

TRUCO

Perfecto acompañamiento para un lomo de dorada a la plancha o una rodaja de salmón.

www.ingramcontent.com/pod-product-compliance
Lightning Source LLC
Chambersburg PA
CBHW071819080526
44589CB00012B/846